FALKEN

Leonie Dechiara (Hrsg.)

Die schönsten Spiele für Kleinkinder

Über 150 Ideen für drinnen und draußen

Im FALKEN Verlag sind zahlreiche Titel zum Thema Kinderbeschäftigung erschienen. Sie sind überall dort erhältlich, wo es Bücher gibt.

Sie finden uns im Internet: **www.falken.de**

Dieses Buch wurde auf chlorfrei gebleichtem und säurefreiem Papier gedruckt.

Der Text dieses Buches entspricht den Regeln der neuen deutschen Rechtschreibung.

ISBN 3 8068 5510 2

Umschlaggestaltung: Design Team München/WSP-Design, Heidelberg
Redaktion: Sylvia Winnewisser, Wiesbaden/Ivonne Domnick
Koordination: Uta Koßmagk
Herstellung: Elke Cramer
Zeichnungen: Ines Rarisch

Die Ratschläge in diesem Buch sind von der Herausgeberin und dem Verlag sorgfältig erwogen und geprüft, dennoch kann eine Garantie nicht übernommen werden. Eine Haftung der Herausgeberin bzw. des Verlags und seiner Beauftragten für Personen-, Sach- und Vermögensschäden ist ausgeschlossen.

Satz: Raasch & Partner GmbH, Neu-Isenburg
Reproduktionen: Lithotronic, Frankfurt
Druck: GGP Media, Pößneck

817 2635 4453 6271

Inhalt

Fingerspiele

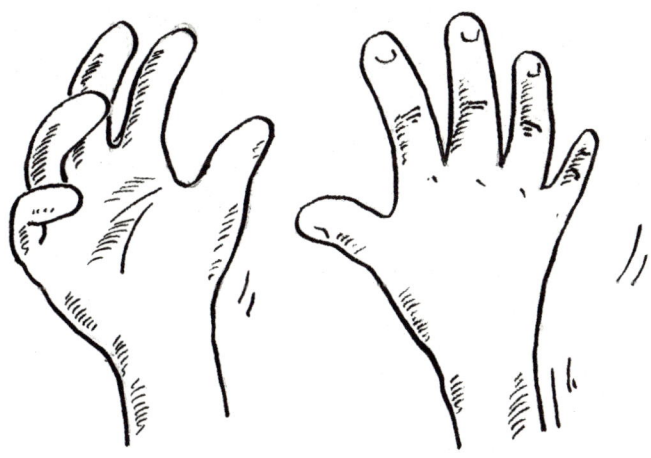

Kinder lieben Fingerspiele. Schon die Allerkleinsten reagieren auf Berührungen und Liebkosungen und spielen bald schon selbst mit ihren eigenen Fingerchen. Warum also dieses Bedürfnis nicht aufgreifen in einfachen Spielereien mit Fingerpuppen? Natürlich haben herkömmliche Fingerspiele für Säuglinge noch keine inhaltliche Bedeutung, doch die Kleinen fühlen sich wohl und geborgen, wenn sie Ihre Stimme hören und Ihre Hände spüren.

Pflaumenschütteln

ab 1 Jahr

2 Teilnehmer

drinnen oder
draußen

„Das ist der Daumen,
der schüttelt die Pflaumen,
der liest sie auf,
der trägt sie nach Haus,
und der kleine Schelm
isst sie alle auf!"

Bei diesem Fingerspiel sagt der Erwachsene einen Vers auf, den
schon unsere Großeltern kannten. Dabei werden entweder nach
und nach die Finger der Hand des Kindes umgelegt oder auf den
jeweiligen Finger gedeutet.

Das Kleinchen

ab 1 Jahr

2 Teilnehmer

drinnen oder
draußen

Das ist das Kleinchen,
das ist das Beinchen,
das ist der lange Mann,
das ist der Zeigermann,
das ist der dicke Mann,
der so schön nicken kann.

Jeder Finger des Kindes wird beim Sprechen angefasst. Sie beginnen beim kleinen Finger und lassen am Schluss den Daumen
nicken.

6

Das dicke Däumchen

Wovon ist mein
Däumchen so dick?
Der ist einmal
in den Wald gegangen,
der hat dort
einen Hasen gefangen,
der trug ihn heim
mit vieler Müh,
der hat ihn gebraten
bis morgens früh,
und dieses Däumchen
dick und klein,
das aß das
ganze Häschen allein.
Davon ist mein
Däumchen so dick!

ab 1 Jahr

2 Teilnehmer

drinnen oder
draußen

Zuerst wird der Daumen als einziger Finger hochgestreckt und
hin und her bewegt. Dann fasst jeder, mit dem kleinen Finger
beginnend, alle Finger an, bis er wieder beim Daumen ist.

Die Fahne

Wie das Fähnchen auf dem Turm,
sich kann drehn bei Wind und Sturm,
so soll sich mein Händchen drehn,
dass es eine Lust ist, anzusehn.

Halten Sie die Hände hoch, und drehen Sie sie hin und her.

ab 1 Jahr

2 Teilnehmer

drinnen oder
draußen

Fünf Männlein

ab 1 Jahr

ab 2 Teilnehmer

drinnen oder
draußen

Fünf Männlein sind
in den Wald gegangen,
die wollten den
Osterhasen fangen.
Der Erste, der war
so dick wie ein Fass,
der brummte immer:
„Wo ist der Has?
Der Zweite rief:
„Sieh da, sieh da!
Da ist er ja, da ist er ja!"
Der Dritte war der allerlängste,
doch leider auch der
allerbängste,
der fing gleich an zu weinen:
„Ich sehe aber keinen!"
Der Vierte sagte:
„Das ist mir zu dumm,
ich mach nicht mehr mit,
ich kehr wieder um!"
Der Kleinste aber,
wer hätt das gedacht,
der hat den Hasen
nach Hause gebracht!
Da haben alle Leute gelacht:
ha, ha, ha, ha, ha!

Dem Text entsprechend fasst jeder Spieler einen Finger nach dem
anderen an.

Fünf Matrosen

Ein, zwei, drei,
vier, fünf Matrosen
werden jetzt auf Reisen gehen.
Eins, zwei, drei,
vier, fünf Matrosen
wollen sich die Welt besehn.
Der Daumen ist als Koch dabei,
zum Mittag gibt's Spinat und Ei.
Der Zeigefinger, dass ihr's wisst,
reist auf dem Schiff
als Maschinist.
Der Mittelfinger, seht mal an,
ist unser langer Steuermann.
Ringfinger ist der Kapitän,
muss immer nach
dem Rechten sehn.
Der kleine Finger,
frech und keck,
springt als Letzter auf das Deck.

Beim Zählen werden die Finger der Reihe nach berührt. Beim
Sprechen des Textes fassen Sie immer den Finger an, von dem
gerade die Rede ist.

ab 1 Jahr

2 Teilnehmer

drinnen oder
draußen

Klettermaxe

ab 1 Jahr

2 Teilnehmer

drinnen oder
draußen

Mäxchen, Mäxchen auf dem Baum,
klettert hoch, man sieht es kaum.
Steigt von Ast zu Ästchen,
sieht ein Vogelnestchen,
ei, da lacht es, oh, da kracht es,
plumps, da liegt es unten!

Die Finger einer Hand wandern auf dem Körper entlang, erreichen bei „Ast zu Ästchen" die freie Hand und bilden zusammen das Vogelnestchen. Damit patschen die Kinder, und zum Schluss lassen die Hände einander wieder los.

Die Wackelgans

ab 1 Jahr

2 Teilnehmer

drinnen oder
draußen

Die Wie-Wa-Wackelgans,
wackelt mit dem Federschwanz.
Mit dem Schnabel kann sie schnattern,
mit den Flügeln kann sie flattern.
Schwimmen kann sie durch den Graben,
ei, die Gans, die möcht ich haben.

Führen Sie die Tätigkeiten dem Text entsprechend mit Fingern und Händen aus, bei der letzten Zeile klatschen Sie in die Hände. Oder nehmen Sie die Händchen Ihres Kindes: Bei der ersten Zeile bewegen Sie sie hin und her, bei der zweiten platschen Sie sie gegeneinander. Bei der dritten Zeile bewegen Sie die Ärmchen auf und nieder, und bei der vierten beschreiben Sie mit ihnen kleine Kreise. Zuletzt drücken Sie die Ärmchen leicht gegen den Körper Ihres Kindes und wiegen es sanft.

Das Schiffchen

Fährt ein Schiffchen übers Meer,
wackelt hin und wackelt her.
Kommt ein frischer Wind,
fährt das Schiff geschwind.
Kommt ein starker Sturm daher,
schüttelt's arme Schifflein sehr.
Und auf einmal, bum,
fällt das Schifflein um!

ab 1 Jahr

2 Teilnehmer

drinnen oder
draußen

Für das Schiff legt jeder Teilnehmer beide Hände aneinander und
stellt die Daumen hoch. Sie sind das Segel. Dann spielen alle mit
diesem Schiff dem Text entsprechend.

11

Es tröpfelt, es regnet

ab 1 Jahr

ab 2 Teilnehmer

drinnen oder
draußen

Es tröpfelt – es regnet – es gießt – es hagelt – es blitzt – es donnert – alle Leute laufen schnell nach Haus!

Erst mit zwei Fingern, dann mit allen zusammen wird auf dem Tisch, immer lauter werdend, das Geräusch des Regens nachgeahmt, dann mit den Fingerknöcheln das des Hagels. Beim Blitz zuckt die rechte Hand durch die Luft, beim Donner schlagen beide Fäuste auf den Tisch. Zum Schluss verschwinden sie schnell auf dem Rücken.

Regen tripp

ab 1 Jahr

ab 2 Teilnehmer

drinnen oder
draußen

Regen tripp und Regen trapp
schüttel ich vom Händchen ab.
Erst die Rechte, dann die Linke,
machen beide winke, winke.
Auf und nieder rüttel ich –
alle Hände schütteln sich!

Erst trommeln Sie und die Kinder mit den Fingern einen leisen Regen auf die Tischplatte, dann schütteln Sie die Hände abwechselnd, und schließlich schütteln Sie gleichzeitig beide Hände kräftig.

Das Häuschen

Mein Häuschen ist nicht ganz gerade.
Ist das aber schade!
Mein Häuschen ist ein wenig krumm.
Ist das aber dumm!
Puh! Bläst der böse Wind hinein.
Bauz! Fällt mein ganzes Häuschen ein!

Die Fingerspitzen beider Hände legt jeder so aneinander, dass ein
spitzes Dach entsteht. Anfangs ist das Haus nur etwas schief, dann
neigt es sich immer mehr. Alle Spieler pusten richtig hinein, und
zum Schluss, wenn das Haus fällt, klatschen alle in die Hände.

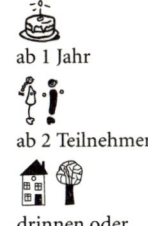

ab 1 Jahr

ab 2 Teilnehmer

drinnen oder
draußen

Das dicke Babettchen

Das ist das dicke Babettchen,
das will nie ins Bettchen.
Die Elfriede
ist auch nie müde.
Der lange Klaus
muss noch mal raus.
Der Peter unterdessen,
der will noch etwas essen.
Nur unser Kleinchen ist lieb und nett,
nimmt Teddy am Beinchen und geht ins Bett.

Mit dem Daumen beginnend wird ein Finger nach dem anderen
angefasst.

ab 1 Jahr

ab 2 Teilnehmer

drinnen oder
draußen

13

Zwei Häschen

ab 1 Jahr

ab 2 Teilnehmer

drinnen oder
draußen

Rupfe, rupfe Gräschen,
es sitzen da zwei Häschen,
und kommt der wilde Jäger dort,
husch, sind sie alle beide fort!

Zeigefinger und Mittelfinger werden als Hasenohren in die Höhe
gestreckt. Die übrigen Finger legt man zusammen. Sie bilden das
Schnäuzchen des Hasen und rupfen das Gras. Am Schluss verschwinden die Hasen hinter dem Rücken des Spielers.

Von den Katzen

ab 2 Jahre

ab 2 Teilnehmer

drinnen oder
draußen

Katzen können Mäuse fangen,
haben Krallen scharf wie Zangen,
schlüpfen durch die Bodenlöcher,
auch zuweilen auf die Dächer.
Mäuschen mit den Ringelschwänzchen
machen auf dem Dach ein Tänzchen.
Leise, leise kommt die Katz,
fängt sie all auf einen Satz!

Die Finger der rechten Hand sind die Mäuse und tanzen auf dem
Tisch herum. Die linke Hand bildet eine Faust, die sich leicht
öffnet und so entsteht ein Loch, in welches die Mäuse schlüpfen.
Die Fingerspitzen der rechten und linken Hand aneinander gelegt
ergeben ein Dach. Mit dem Zeigefinger machen alle Teilnehmer
kreisende Bewegungen in der Luft und stellen so die Ringel-
schwänze dar. Zum Schluss sind die Finger der rechten Hand
wieder die Mäuse, die die linke Hand, die Katze, fängt.

Auf dem Apfelbaum

Auf dem Apfelbaum
ist ein kleines Nest.
Vögelchen im Traum
schlafen darin fest.
Katze klettert auf den Baum,
weckt die Vöglein aus dem Traum.
Seht, sie fliegen fort geschwind
wie der Wind, wie der Wind!
Und die Katze geht nach Haus,
fängt sich eine dicke Maus!

ab 2 Jahre

ab 2 Teilnehmer

drinnen oder
draußen

Die gespreizten Finger der linken Hand stellen den Baum dar. Für
das Nest formen alle Teilnehmer aus den Händen eine Mulde und
legen beide Daumen hinein. Dann stellen alle die linke Hand
wieder hoch und krabbeln mit Zeige- und Mittelfinger der
rechten Hand am Unterarm hinauf.
Der Zeigefinger weckt die Vögel, indem er leicht in die linke
Handfläche klopft. Beide Hände bewegen sich dann auf und
nieder und deuten so das Flügelschlagen der Vögel an. Die linke
Hand wird jetzt wieder hochgestellt und Zeige- und Mittelfinger
krabbeln herunter. Bei „dicke Maus" kann man sich selbst oder
ein anderes Kind fangen. Wenn das Spiel den Kindern gefällt,
kann es wiederholt werden.

Zappelmänner

ab 2 Jahre

ab 2 Teilnehmer

drinnen oder
draußen

„Zehn kleine Zappelmänner
zappeln hin und zappeln her,
zehn kleinen Zappelmännern
fällt das gar nicht schwer.
Zehn kleine Zappelmänner,
zappeln auf und zappeln nieder,
zehn kleine Zappelmänner
tun das immer wieder.
Zehn kleine Zappelmänner
zappeln ringsherum,
zehn kleinen Zappelmännern
scheint das gar nicht dumm.
Zehn kleine Zappelmänner
spielten mal Versteck,
(hier die Hände hinter den Rücken verstecken)
zehn kleine Zappelmänner
sind auf einmal weg!"

Die „Zappelmänner" sind ebenfalls ein Fingerspiel, das auf eine
große Tradition zurückblicken kann.
Auch die Regeln dieses Spieles sind sehr einfach: Während die
Verse gesprochen werden, werden die Hände vom Körper etwas
weggehalten, die Finger gespreizt und mit den Händen gezappelt.
Alle anderen Bewegungen werden in den Versen beschrieben.

Fünf nackte Brüderlein

Fünf nackte Brüderlein,
die gingen mal spazieren.
Der Erste, der der Dickste war,
der wollt die andern führen.
Da sagt der Zweite: „Nein,
den Weg weiß ich allein!"
Der Längste sprach: „Nein, ich!
Ihr alle hört auf mich!"
Der Vierte sprach: „Mich müsst ihr fragen,
ich bin geboren, Gold zu tragen!"
Der Fünfte war der Kleine,
ihr wisst schon, wen ich meine.
Er sprach bei sich: „Ich sag nicht viel,
wir sitzen all an einem Stiel!"
Da kamen rasch zehn andre an
und brachten ihnen Strümpfe,
dass keins den andern sehen
kann – da schwiegen alle fünfe.

ab 2 Jahre

ab 2 Teilnehmer

drinnen oder
draußen

Beim Sprechen werden die Finger der Reihe nach angefasst. Zum
Schluss ziehen Sie dem Kind die Handschuhe an.

17

Die Henne legt ein Ei

ab 2 Jahre

ab 2 Teilnehmer

drinnen oder
draußen

Bim, bam, bei,
die Henne legt ein Ei.
Sie legt es in das Nest
und setzt darauf sich fest.
In dem Eichen weiß und rein
schläft ein kleines Küchelein.
Sieh nur, sieh! Eischal bricht,
und das Küchlein kommt ans Licht.
Guckt mit schwarzen Äugelein
lustig in die Welt hinein.
Piep, piep, piep!

Die Teilnehmer ahmen mit ihren Händen dem Vers entsprechend
das Geschehen nach: Jeder Mitspieler legt die beiden Handflächen
so aneinander, dass sie ein Ei bilden. Dann öffnet er sie zum Nest,
in das er die beiden Daumen hineinlegt. Wieder schließt er die
Hände zum Ei, welches, dem Text entsprechend, auseinander
bricht. Die Fingerspitzen von Zeigefinger und Daumen legt jeder
aneinander und guckt wie bei einer Brille hindurch. Die letzte
Zeile wird durch Öffnen und Schließen von Zeigefinger und
Daumen dargestellt.

Fünf kleine Mäuschen

Fünf kleine Mäuschen
spitzen ihre Öhrchen,
wackeln mit dem Schwänzchen.
Kommt der Kater Muck:
husch! Fort sind alle Mäuschen:
schlack, schleck, schlick,
schlock, schluck!

ab 2 Jahre

ab 2 Teilnehmer

drinnen oder
draußen

Die Finger der rechten Hand werden hin und her bewegt. Dann strecken alle Spieler den Zeigefinger hoch und deuten Ohren und Schwänze an. Die linke Hand ist der Kater und nähert sich langsam. Bei jedem Wort aus der letzten Zeile wird ein Finger der rechten Hand nach innen gekrümmt.

19

In den Brunnen gefallen

ab 1 Jahr

2 Teilnehmer

drinnen oder
draußen

„Der ist in den Brunnen gefallen,
der hat ihn wieder rausgeholt.
Der hat ihn ins Bett gelegt,
der hat ihn zugedeckt,
und der kleine Schelm da
hat ihn wieder aufgeweckt."

Dieses Fingerspiel kann man schon mit den Allerkleinsten, zum
Beispiel beim Wickeln spielen. Obwohl das Kind hierbei eine
passive Rolle hat und eigentlich nur seine Hand zur Verfügung
stellt, macht es ihm sicherlich riesigen Spaß. Und wenn es größer
ist, kann es das Spiel ja mit Muttis oder Vatis Hand machen.
Die Regeln sind ganz einfach: Mutti sagt einen überlieferten Vers
auf und deutet dabei abwechselnd auf die fünf Finger der kleinen
Hand, beim Daumen beginnend.

Zupf Härchen!

„Kinne Wippchen, *(am Kinn krabbeln)*
rote Lippchen, *(über die Lippen streichen)*
Stuppelnäschen, *(sanft die Nase berühren)*
Augenbräunchen, *(die Augenbrauen berühren)*
zupf, zupf, zupf mein Härchen!" *(an den Haaren zupfen)*

ab 1 Jahr

2 Teilnehmer

drinnen oder draußen

Für dieses Fingerspiel kann man sich als „Opfer" auch ein Baby beim Wickeln aussuchen. Zu jeder Zeile des überlieferten Verses wird dabei eine andere Stelle des kleinen Gesichtes berührt.

Kommt eine Maus

„Kommt eine Maus,
die baut ein Haus,
kommt eine Mücke,
die baut 'ne Brücke,
kommt ein Floh,
der macht so –!"

ab 1 Jahr

2 Teilnehmer

drinnen oder draußen

Dieses althergebrachte Fingerspiel bereitet auch heute noch allen Kindern ein großes Vergnügen.
Hierzu nimmt der Erwachsene die Hand des Kindes in seine eigene. Dabei sollte der kleine Arm sanft gestreckt werden.
Zu den Zeilen des Verses „passiert" nun etwas: Zunächst krabbeln die Finger am Handgelenk beginnend langsam den Arm hinauf. Zur vorletzten Zeile springen die Finger plötzlich auf die Nase des Kindes und kitzeln diese.

21

Verschwundene Hände

ab 2 Jahre

unbegrenzt

drinnen

Die „verschwundenen Hände" kann man schon mit den ganz Kleinen spielen. Ist das Kind noch zu klein, so kann die Mutter oder der Vater es ihm vormachen. Sind die Kinder groß genug, so machen sie das nach, was der Spielleiter ihnen zeigt.

Die Regeln sind ganz einfach: Bei diesem Spiel werden immer diejenigen Körperteile versteckt und gezeigt, die im folgenden Lied besungen werden:

„Meine Hände sind verschwunden,
(die Hände werden hinter dem Rücken versteckt)
ich habe keine Hände mehr –
seht, da kommen meine Hände wieder her –
(die Hände vor den Körper halten und damit wackeln)
Tra la la la la la la – la la la!"

Nach und nach kann man so die Augen, die Ohren, die Nase, die Füße usw. verschwinden lassen, indem die Kinder dann den jeweiligen Körperteil bedecken oder unter einen Stuhl oder Tisch verstecken.

Für das Lied gibt es übrigens keine festgelegte Melodie. Jeder kann sich aus seiner Fantasie heraus eine eigene „komponieren" oder die Melodie eines bekannten Kinderliedes dazu verwenden.

Gewitter

Fingerspiele, bei denen Geräusche erzeugt werden, gefallen kleinen Kindern am besten. Das „Gewitter-Spiel" macht Kindern noch mehr Spaß, wenn ganz viele mitmachen. Denn dabei geht es so richtig „tosend" zu! Ein sinnvoller Nebeneffekt dieses Spieles ist es, dass die Kinder ihre Angst vor Gewitter etwas verlieren können. Wenn die Kinder die Bewegungen noch nicht so gut kennen, sollte ein Erwachsener sie vormachen, während er die Zeilen spricht. Die Kinder machen sie dann nach. Wurde das Gewitter schon oft gespielt, so sagen die Kleinen sicherlich das Gedicht selbst vor und machen die Bewegungen mit. Für das Gewitter-Spiel setzen wir uns alle rund um einen Tisch. Dann geht es los:

ab 2 Jahre

ab 2 Teilnehmer

drinnen

Tisch

„Es tröpfelt,

(mit zwei Fingern jeder Hand auf den Tisch klopfen)

es regnet,

(mit vier Fingern klopfen)

es gießt,

(lauter klopfen)

es hagelt,

(mit den Knöcheln der Finger, noch lauter)

es blitzt,

(Zischgeräusche machen und den Blitz mit den Händen in die Luft malen)

es donnert.

(mit den Fäusten auf den Tisch trommeln oder in die Hände klatschen)

Alle laufen schnell nach Hause,

(die Hände auf den Rücken legen, eventuell dann um den Tisch herumlaufen)

und morgen scheint die warme Sonne wieder!

(mit den Händen einen großen Kreis beschreiben)

23

Waschhandschuhpuppen

ab 2 Jahre

ab 2 Teilnehmer

drinnen oder draußen

Waschhandschuhe
Filzreste
Wolle
Gummilitze
Nadel und Garn

Nähen Sie mit kleinen Filzstücken die Gesichter auf die Waschhandschuhe, und bringen Sie an deren oberen Rand Wollfäden als Haare an. Je nach Spielfigur lassen Sie sie wuschelig stehen, oder Sie kämmen oder flechten sie zu einer hübschen Frisur. Ein Stück Band oder eine Gummilitze dient als Halskette, die die breite Öffnung des Waschhandschuhs am Handgelenk festhält. Mit diesen Puppen spielen die Kinder Alltagssituationen nach, oder sie erfinden Fantasieabenteuer, die sie aufführen.

Sockentiere

Ziehen Sie Ihrem Kind eine Socke so über die Hand, dass die Ferse vom Handrücken und von den Fingergrundgelenken ausgefüllt ist. Das vordere Sockenteil schlagen Sie zur Innenfläche der Finger um, damit Daumen und Zeigefinger das Tiermaul bilden

können. Heften Sie nun die Sockenspitze mit einer Nadel fest, und ziehen Sie die Socke vorsichtig von der Hand Ihres Kindes ab. Dann nähen Sie „das Maul" mit wenigen Stichen fest.

Auch die Sockenfiguren gestalten Sie nach Belieben: Eine Zickzacklitze oder aufgenähte Perlen sehen wie scharfe Zähne aus. Als Augen eignen sich kleine Knöpfe; ein langer roter Stoffstreifen ist die Zunge, die Sie im Maul festnähen. Augen, Nase, Ohren fertigen Sie aus Filz, die Mähne aus Wollfäden.

Entweder dient ein Tisch als Bühne oder Sie spannen vor einen Türrahmen ein Tuch. Wie hoch Sie es hängen müssen, hängt von der Größe der Kinder ab. Die Zuschauer sollten möglichst nur die Handpuppen und nicht die Köpfe der Schauspieler sehen.

Das Spiel:
Neben Bilderbuch- oder Märchentexten lässt sich natürlich auch die „Tierparade" gut nachspielen. Vielleicht mögen die Kinder aber auch eine Zirkusvorstellung geben. Für Dompteur, Clowns und Akrobaten nehmen Sie dann Waschhandschuhpuppen.

ab 2 Jahre

ab 2 Teilnehmer

drinnen oder draußen

Socken
Filzreste
Wolle
Perlen oder Knöpfe
Litze oder Borte
Nadel und Garn

Fingerpüppchen

ab 2 Jahre

ab 2 Teilnehmer

drinnen oder
draußen

bunte Filzreste oder
andere feste Stoffe:
2 Rechtecke à
10 x 6 cm
Nadel und Garn

oder:
buntes Tonpapier
10 x 12 cm
Klebstoff oder
Klebeband
Schere
(Zackenschere)

Zum Verzieren:
Knöpfe,
Perlen,
Glöckchen,
Litzen,
Spitzen,
Borten,
Wollreste,
Filzstifte

Nähen Sie die beiden Stoffrechtecke an drei Seiten zusammen, und stülpen Sie das Innere nach außen um. Wenn Sie mit einer Zackenschere arbeiten, entstehen Schmuckkanten. Am besten stopfen Sie den Figurenkopf mit Watte aus. So erhält er zum einen eine runde Form, zum anderen rutscht das Püppchen dann auch nicht so leicht vom Finger. Die Grundfigur verzieren Sie Ihrer Fantasie oder der Theaterrolle entsprechend.

Wenn Sie die Püppchen aus einem Tonpapierrechteck herstellen, dann fixieren Sie die beiden längeren Seiten aneinander. Für den Kopf drücken Sie das Material an einer offenen Seite leicht zusammen, runden es ab und kleben an dieser Stelle den Kopf zusammen.

Beim Verzieren der Figuren sind der Fantasie keine Grenzen gesetzt:

Haare, Tiermähnen und Schnurrhaare lassen sich am besten aus Wollresten basteln. Ohren kleben oder nähen Sie an; Gesichter entstehen aus Filzstückchen oder Sie malen sie auf. Eine Prinzessin zum Beispiel schmücken Sie mit Perlen und mit einem Krönchen; Kasperle bekommt ein Glöckchen für seinen Hut; Rotkäppchens Körbchen malen oder kleben Sie auf. Bei den Märchen wie „Rotkäppchen" oder „Hänsel und Gretel" spielen auch schon die kleinen Kinder gern mit, und da Sie nur sehr wenige Figuren benötigen, haben Sie Ihre Theaterpüppchen im Handumdrehen fertig.

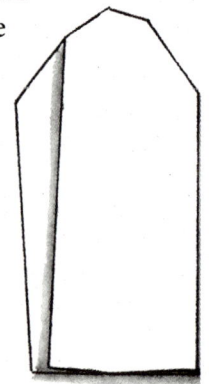

Für die „Tierparade" stellen Sie nun die Bauernhoftiere wie Kuh, Pferd, Schwein, Huhn, Hase, Hund, Katze und Maus her und einige Zootiere wie Löwe, Tiger, Elefant, Bär, Affe, Nashorn, Giraffe.

Als Bühne dient ein Tisch, als Kulisse können Sie und die Kinder die Rückseite eines großen Schuhkartons mit einem Waldrand bemalen. Dann stellen Sie den Karton so auf den Tisch, dass davor das Fingertheater gespielt werden kann.

Käferhandschuhe

ab 2 Jahre

ab 2 Teilnehmer

drinnen oder
draußen

rote und schwarze
Wollreste
Häkelnadel

oder:
roter Nagellack
schwarzer Filzstift

oder:
rote
Fingerhandschuhe
schwarzes Garn
Nadel
oder schwarze
Stoffmalfarbe

Nehmen Sie so viele Luftmaschen auf, dass sie fest um die Mitte des jeweiligen Fingers passen: je nach Fingerstärke fünf bis zehn Maschen. Häkeln Sie einige Runden in Rot (Richtmaß ist die jeweilige Höhe des Fingernagels), die übrigen Runden bis zur Hälfte des Fingers in Schwarz. Dabei häkeln Sie für die Kuppe in jeder Runde einmal zwei Maschen zusammen.

Dann vernähen Sie den Faden, lassen ihn ein kleines Stück überstehen und drehen ihn zu zwei Fühlern auf. Jetzt nähen Sie auf den roten Marienkäferkörper schwarze Punkte auf; die schwarzen Köpfe bekommen rote Augen.

Die fertige Käferfamilie stecken Sie oder Ihr Kind nun auf die Finger.

Verwenden Sie rote Fingerhandschuhe, und sticken Sie dann mit schwarzem Garn ein Gesicht, Fühler und Punkte auf. Wenn das Handschuhmaterial geeignet ist, lässt es sich auch gut mit Stoffmalfarben bemalen.

Kindern ab etwa drei Jahren können Sie auch die Fingernägel rot lackieren. Nach dem Trocknen tragen Sie noch schwarze Punkte mit einem Filzstift auf.

Das Spiel:

Bevor der Reim (siehe Seite 29) gemeinsam gesprochen oder gesungen wird, sind alle Käferfinger entweder hinter dem Rücken oder unter dem Tisch versteckt.

Die Marienkäferfamilie

Erst kommt der Marienkäferpapa,
dann kommt die Marienkäfermama,
und hintendrein, ganz klitzeklein,
und hintendrein, ach, sind die klein,
die Marienkäferkinderlein.

Sie haben rote Kleider an,
mit dicken schwarzen Punkten dran.
Sie gehen nun im Käfergang
auf einem Blumenstängel lang.

Sie suchen hier und suchen da,
nach einer Mahlzeit – das ist klar –.
Die Fühler helfen wunderbar.

Jetzt krabbeln sie ganz schnell hier weg,
und gucken dabei noch ganz keck.
Da fliegen sie auch schon davon,
warts´s ab, gleich kommen die nächsten schon.

Die erste Strophe: Der Daumen wird auf den Tisch gelegt und
hin und her bewegt. Der Zeigefinger kommt hinzu und geht mit
dem Daumen spazieren. Die übrigen Finger krabbeln auf dem
Tisch.
Bei der zweiten Strophe können die Finger herumspazieren oder
wild auf dem Tisch herumtollen. Bei der dritten Strophe bewegen
sich die Finger suchend umher.
Bei der letzten Strophe krabbeln alle Finger zum Tischrand und
die Käfer „fliegen" davon, um dann das Spiel von Neuem zu
beginnen.

Spiele für ganz Kleine

Wenn die Kleinen schon etwas größer sind und
bereits laufen können oder zumindest auf eigenen
Beinen stehen, sind Spiele mit mehr Bewegung
gefragt. Auf den Knien der Erwachsenen reiten
oder Kuscheltiere suchen sind dann sicher neben
Kitzeln und Necken die Favoriten. Und zum
Schluss eines lustigen Spieltages wird gemeinsam
aufgeräumt, natürlich auch in Form eines Spieles.

Necken und Kosen

Zehchen lang,
Füßchen gang,
Kniechen knick,
Bäuchlein dick.

Berühren Sie die genannten Körperteile des Kindes, und kitzeln Sie es zum Schluss am Bauch.

ab 1 Jahr

ab 2 Teilnehmer

drinnen oder
draußen

Langweis, kreuzweis,
kribbelkrabbel,
großer Patsch!

Mit einem Finger streichen Sie längs und quer über die Handfläche des Kindes, krabbeln mit den Fingern darin und klatschen dann leicht hinein.

Kommt ein Mäuslein,
baut ein Häuslein,
kommt ein Mücklein,
baut ein Brücklein,
kommt ein Floh,
und der macht so!

Die Maus – Ihre Hände – läuft auf das Kind zu. Dann legen Sie schräg beide Hände zum Haus zusammen. Die Mücke wird mit einer Hand dargestellt, und für die Brücke legen Sie die Fingerspitzen aneinander. Daumen und Zeigefinger sind der Floh, der das Kind zwicken will.

31

Aufwärts holperig,
abwärts stolperig,
so läuft der Hase bergauf,
so läuft der Hase bergab.

Streichen Sie mit den Fingern über Gesicht und Körper des
Kindes.

Kinn, Kinn, Wängchen,
Mündchen rund,
Bäckchen gesund,
Näschen lang,
Äugelchen blank,
Stirnchen platt –
Härchen zipp, zipp, zapp!

Berühren Sie die genannten Teile des Kindergesichtes, und zupfen
Sie dann ein wenig an den Haaren.

Schönes Äuglein
und sein Brüderlein,
schönes Öhrlein,
das ist auch zu zwein,
schönes Mündlein,
und der kleine Turm
läutet Sturm: ding, ding, ding!

Die in dem Vers genannten Teile des Kindergesichtes werden
berührt. Der kleine Turm ist die Nase. An ihr wackeln Sie hin
und her.

Krabbel, krabbel, Mäuschen,
jetzt schlüpf ich in
mein Häuschen.
Krabbel, krabbel, Maus,
jetzt komme ich heraus.
Ich sehe mir mein Kindchen an,
ob es nun wieder lachen kann.

Sie bilden mit der linken Hand eine kleine Höhle auf dem Tisch
und lassen die rechte Hand als Mäuschen hineinkrabbeln. Dann
krabbelt die Maus auf das Kind zu und an ihm hinauf bis in die
Halsgrube.

33

Er kommt – er geht,
er springt – er steht,
er läuft, läuft, läuft –
er kriegt den kleinen
Schelm am Kopf!

Sie sitzen dem Kind gegenüber und krabbeln mit den Fingern dem Text entsprechend auf das Kind zu. Zum Schluss fahren Ihre Finger in die Haare des Kindes und wuscheln sie durcheinander.

Pitsch, patsch, patsch,
durch Regen und
durch Matsch.
Und wer hier nicht
mehr weiter kann,
der zieht sich Gummistiefel an.
Pitsch, patsch, patsch!

Die Füße oder die Hände des Kindes werden im Rhythmus des Verses ganz leicht aneinander geschlagen.

Da kommt der Bär,
der tappt so schwer.
Da kommt die Maus
in Hänschens Haus –
da 'nein, da 'nein!

Ihre Finger gehen mit leichtem Druck über Hand und Unterarm des Kindes. Dann huschen sie über den Oberarm und verstecken sich in der Halsgrube.

Kniereiter

Kniereiter-Spiele sind beliebt, benötigen keine Hilfsmittel und sind einfach nachzumachen.
Ein Erwachsener setzt ein Kind rittlings auf seine Knie und hält es an den Händen. Während der Vers aufgesagt wird, kann man das Kind entweder hin und her wiegen oder – indem die Füße auf die Spitze gestellt und auf und ab bewegt werden – hoppeln lassen. Bei den letzten Worten des Verses wird das Kind weit nach hinten fallen gelassen, wobei man natürlich die Hände des Kindes festhält. Für Kniereiter gibt es viele althergebrachte Verse.

ab 1 Jahr

ab 2 Teilnehmer

drinnen oder
draußen

„Hoppe, hoppe, Reiter,
wenn er fällt, dann schreit er.
Fällt er in den Graben, fressen ihn die Raben.
Fällt er in den Sumpf,
macht der Reiter plumps!"

„Hoppe, hoppe, Reiter,
wenn er fällt, dann schreit er.
Fällt er in den Teich,
find't ihn keiner gleich.
Fällt er in die Hecken,
fressen ihn die Schnecken,
fressen ihn die Müllermücken,
die ihn vorn und hinten zwicken.
Fällt er in den tiefen Schnee,
dann gefällt's ihm nimmermehr.
Fällt er in den Graben,
fressen ihn die Raben.
Fällt er in den Sumpf,
dann macht er einen Plumps."

„Hopp, hopp, hopp zu Pferde,
wir reiten um die Erde.
Die Sonne reitet hinterdrein.
Wie wird sie abends müde sein.
Hopp, hopp, hopp!"

„Hopp, hopp, ho, Mann,
zieh dem Pferd die Zügel an,
zieh sie nicht so lange an,
dass das Kind auch reiten kann,
hopp, hopp, hopp,
… und plumps!"

„Hopp, hopp, hopp,
Pferdchen lauf Galopp,
über Stock und über Steine,
aber brich dir nicht die Beine!
Immer im Galopp,
hopp, hopp, hopp, hopp, hopp!"

Zauberer-Spiel

Der Spielleiter ist als Erstes der Zauberer. Er hält den Zauberstab in den Händen und verzaubert seine Mitspieler. Diese müssen ihm dann alles nachmachen: auf einem Bein hüpfen, rückwärts laufen, auf allen Vieren herumkrabbeln oder als „Vogel" herumfliegen usw.
Lässt der Zauberer allerdings seinen Zauberstab fallen, so sind die Kinder entzaubert und müssen ganz schnell in eine zuvor verabredete Zimmerecke oder hinter eine markierte Linie flüchten. Wen er dabei erwischt, ist in der nächsten Runde der Zauberer. Das gefangene Kind erhält den Zauberstab, und das Spiel beginnt von vorne.

ab 2 Jahre

beliebig viele
Teilnehmer

drinnen

Zauberstab (zum
Beispiel 1 Kochlöffel,
bunt beklebt)

Aufräumspiel

Welche Mutter kennt nicht dieses Problem: Die Kinder haben keine Lust, nach dem Spielen ihre Sachen aufzuräumen. Mit diesem Spiel wird es ihnen sogar noch Spaß machen! Hierzu kleben wir quer durch das Kinderzimmer mit dem Kreppklebeband eine Abwurflinie. Auf die eine Seite der Linie – etwa 2 m entfernt – stellen wir unsere Spielkisten. Dann räumen wir aus allen Ecken des Kinderzimmers unser Spielzeug und legen es zu einem großen Berg auf die andere Seite des Klebebandes. Nun werfen wir Stück für Stück in die Kisten. Die Spielsachen dürfen natürlich nicht zerbrechlich sein!
So macht das Aufräumen allen Kindern Spaß. Auch die Größeren werden sich freiwillig an dem Aufräumspiel beteiligen.

ab 2 Jahre

beliebig viele
Teilnehmer

drinnen

Kreppklebeband

Wozu sind die Füße da?

ab 3 Jahre

beliebig viele
Teilnehmer

drinnen oder
draußen

Wir stellen uns alle gegenüber in zwei Reihen auf, und zwar so, dass wir uns dabei ansehen. Nun geht die erste Gruppe zur anderen Gruppe hin und zurück und singt dabei die Frage „Wozu sind die Füße da? …" Die zweite Gruppe antwortet singend, indem sie auf ihrem Platz bleibt, aber mit dem Fuß kräftig auf den Boden stampft. Beim nächsten Vers darf sich die zweite Gruppe auf die erste zu bewegen, wobei nun ein anderer Körperteil besungen wird. Hier einige Verse die jedoch auf weitere Körperteile ausgedehnt werden können:

„Wozu sind die Füße da, Füße da, Füße da?
Wozu sind die Füße da, wozu sind sie da?
Die Füße sind zum Stampfen da, Stampfen da, Stampfen da.
Die Füße sind zum Stampfen da, dazu sind sie da!

Wozu sind die Hände da, Hände da, Hände da?
Wozu sind die Hände da, wozu sind sie da?
Die Hände sind zum Klatschen da, …

Wozu sind die Arme da, Arme da …
Die Arme sind zum Schwingen da, …

Wozu sind die Beine da, Beine da …
Die Beine sind zum Hüpfen da, …

Wozu ist die Nase da, Nase da …
Die Nase ist zum Zupfen da, …

Wozu sind die Augen da, Augen da …
Die Augen sind zum Rollen da, …"

Kitzelschlucht

Alle stellen sich in zwei Reihen so gegenüber auf, dass sie sich ansehen können. Auf diese Weise bilden sie einen Gang bzw. eine „Schlucht". Der Abstand zwischen den Kindern sollte so groß sein, dass sie sich mit den Händen berühren könnten.
Nun wird mithilfe eines Abzählreimes das erste „Opfer" ausgewählt. Dieses muss auf Zehenspitzen und mit den Händen in die Hüften gestemmt durch diese Kitzelschlucht flitzen. Die Kinder versuchen natürlich dies zu behindern, indem sie das Opfer kitzeln.
Ein festes Ziel oder Ergebnis hat die Kitzelschlucht nicht. Aber es macht allen Beteiligten immer sehr viel Spaß – und dies nicht nur den Kindern!

ab 2 Jahre

beliebig viele Teilnehmer

drinnen oder draußen

Lach-Gang

Alle, die bei diesem Spiel mitmachen wollen, stellen sich in zwei Reihen gegenüber auf. Nun nehmen wir alle unsere Hände auf den Rücken. Zuvor haben wir den ersten Kandidaten für den Lach-Gang ausgewählt. Dieser versucht nun, durch den Gang zu gehen, ohne zu lachen. Dies ist gar nicht so leicht, denn wir geben uns die größte Mühe, ihn zum Lachen zu bringen!
Wichtig ist, dass alle ihre Hände auf den Rücken behalten und kein Wort sprechen.
Wer es schafft, ohne eine Miene zu verziehen durch den Lach-Gang zu gehen, erhält natürlich eine Belohnung. Anschließend darf ein anderes Opfer einen Versuch unternehmen.

ab 2 Jahre

beliebig viele Teilnehmer

drinnen oder draußen

Was ist im Säckchen?

ab 3 Jahre

ab 2 Teilnehmer

drinnen

Stoffsäckchen
diverse Gegenstände,
z. B. Stofftier, Apfel,
Nuss

Der Sinn dieses Spieles ist es, dass das Kind lernt, einen Gegenstand anhand seiner Formen und Festigkeit zu erkennen.

Das Kind muss sich die Augen zuhalten, während wir einen kleinen Gegenstand in das Säckchen stopfen. Dies können ein Baustein, ein kleines Auto, ein Stofftier, ein Apfel, ein Tannenzapfen usw. sein. Nun greift der kleine Spieler in das Säckchen – natürlich ohne hineinzusehen – und befühlt den Gegenstand. Anschließend muss er uns sagen, was er ertastet hat. Hat das Kind richtig geraten? Dann ist ein Preis fällig, zum Beispiel ein Gummibärchen. Stimmte die Antwort nicht, so darf es weiter fühlen und erneut raten. Kommt der kleine Taster gar nicht auf die Lösung, so darf er den Gegenstand herausnehmen. Trotzdem sollte er aber ein kleines Trösterchen bekommen!

Kuschelkreis

ab 2 Jahre

ab 5 Teilnehmer

drinnen

Wir setzen uns alle dicht hintereinander in einen Kreis auf den Boden. Der Spielleiter flüstert einem Kind einen Befehl ins Ohr, zum Beispiel „über die Haare streicheln". Das Kind führt diese Anordnung gleich aus. Auch der Vordermann reagiert entsprechend und beginnt das nächste Kind zu streicheln.

Auf diese Weise sind irgendwann alle Kinder damit beschäftigt, ihren Vordermann oder -frau zu streicheln. Nach einer Weile erfolgt eine neue Anweisung, und das Spiel beginnt von vorne.

Wer hat das Kuscheltier?

Zunächst kuscheln wir uns alle gemütlich unter eine Decke zusammen. Der Spielleiter steckt einem Kind dabei unauffällig das kleine Kuscheltier zu, das dieses irgendwo am Körper versteckt: Dies kann beispielsweise unter dem Pullover, im Hosenbein, unter dem Po oder unter den Achseln sein.

Auf ein Kommando hin beginnen wir alle mit der großen Suche: Wo ist das Kuscheltier? Da es sicherlich dabei ziemlich wild zugehen wird, kann man das Spiel zunächst so spielen, dass immer nur ein Kind suchen darf. Aber egal wie Sie vorgehen: auf jeden Fall wird das Gekichere und Gegluckse groß sein!

ab 2 Jahre

ab 3 Teilnehmer

drinnen

kleines Kuscheltier, Decken oder Bettlaken

Brückenspiel

ab 3 Jahre

beliebig viele
Teilnehmer

drinnen oder
draußen

Für die erste Runde dieses Spieles wählen wir zunächst zwei Mitspieler aus. Diese stellen sich gegenüber auf und fassen sich an den Händen. Dann heben sie die Arme und bilden so ein Tor. Durch dieses müssen die anderen Kinder nun gehen, während wir alle gemeinsam ein Lied singen. Ist dieses zu Ende, wird das Kind gefangen, das gerade unter dem Tor steht. Dieses löst eines der Torkinder ab, und das Spiel beginnt von vorne.

Für dieses Spiel wurden verschiedene Lieder überliefert:

„Ziehe durch, ziehe durch,
durch die goldene Brücke!
Sie ist entzwei, sie ist entzwei,
wir wollen sie wieder flicken.
Mit was denn, mit was denn?
Mit Steinerle, mit Beinerle!
Was gebt ihr uns zum Lohne?
Eine golden Krone.
Zieht alle durch, zieht alle durch!
Den Letzten wollen wir fangen
mit Spießen und mit Stangen!"

„Macht auf das Tor! Macht auf das Tor!
Es kommt ein goldener Wagen.
Was will er denn? Was will er denn?
Er will die/den (hier folgt der Name des gefangenen Kindes) haben!"

Abzählreime & Co.

Viele Spiele erfordern es, dass ein oder mehrere Mitspieler ausgewählt werden, um z. B. eine Mannschaft zu bilden oder zu entscheiden, wer anfangen darf. Dazu gibt es viele wunderschöne Abzählreime und Auslosespiele. Zu den alt bekannten sind noch einige neue hinzugekommen.

Alle Reime sind kurz und prägnant, damit das Auszählen nicht zu lange dauert und das Spiel schnell beginnen kann.

Abzählreime

ab 2 Jahre

ab 2 Teilnehmer

drinnen oder
draußen

Eins, zwei, drei, vier, fünf, sechs, sieben,
wo ist denn mein Schatz geblieben?
Er ist nicht hier, er ist nicht da,
er ist wohl in Amerika.

Ich bin Peter,
du bist Paul,
ich bin fleißig,
du bist faul.
Eins, zwei, drei,
du bist frei!

Ene, meine, miste,
es rappelt in der Kiste.
Ene, meine, meck,
und du bist weg!

Ene, meine, minke,
die Kuh frisst keine Schminke,
ene, meine, muh,
und raus bist du!

Der Kreis ist rund, da läuft ein Hund,
da steht eine Kuh, und raus bist du!

Auf dem Berge Sinai
wohnt der Schneider Kikriki.
Schaut mit seiner Brille raus:
Eins, zwei, drei,
und du bist draus!

Auf dem vi-va-bunten Berge
wohnen vi-va-bunte Zwerge.
Und die vi-va-bunten Zwerge
haben vi-va-bunte Kinder.
Und die vi-va-bunten Kinder
aßen jeden Tag ein Ei:
Eins, zwei, drei
und du bist frei!

Eins, zwei, drei,
du bist frei!
Vier, fünf, sechs,
du bist weg!
Sieben, acht, neun,
du musst es sein!

Hinter Mauern, Bäumen, Hecken
wollen wir uns jetzt verstecken.
Bei den Riesen, bei den Zwergen
wollen wir uns jetzt verbergen.
Schließet eure Augen zu,
alsdann komm, und suche du!

Müllers dicke, faule Grete
saß auf einem Baum und nähte.
Plumps – fiel sie herab,
und du bist ab!

Ich und du,
Müllers Kuh,
Müllers Esel,
der bist du.

Für alle Spiele:

ab 4 Jahre

ab 2 Teilnehmer

drinnen oder
draußen

Geldmünze

Streichhölzer

einen Würfel

einen kleinen
Gegenstand

Auslosen

Zahl oder Wappen

Für dieses Auslosespiel benötigt man nur eine Geldmünze. Die Spieler müssen sich festlegen, ob sie Zahl oder Wappen haben wollen. Dann wird die Münze hochgeworfen.

Liegt das Wappen oben, darf der anfangen, der auf Wappen gesetzt hat.

Streichholzziehen

Hierfür benötigt man so viele Streichhölzer, wie Kinder mitspielen. Eines davon wird um die Hälfte gekürzt. Der Spielleiter oder ein Mitspieler hält alle Hölzer so in einer Hand, dass nur noch die Köpfchen herausschauen. Nacheinander darf jedes Kind sich ein Streichholz ziehen. Wer das gekürzte erwischt, fängt an.

Auswürfeln

Ist ein Würfel greifbar, so kann man auch auswürfeln, wer anfängt. Nacheinander muss jeder Mitspieler würfeln. Wer die höchste Punktzahl wirft, darf anfangen.

Welche Hand gewinnt?

Hierfür benötigt man einen kleinen Gegenstand, der sich gut in einer Hand verstecken lässt. Ein Mitspieler umschließt zum Beispiel einen Stein mit seiner Faust und versteckt beide Hände hinter dem Rücken. Dort kann er den Stein austauschen. Nun nimmt er beide Fäuste vor den Körper, und das andere Kind muss sich für eine Hand entscheiden. Ist darin der Stein, so fängt der Rater an. War die Hand leer, so darf der andere beginnen.

Lauf- und Fangspiele

Für Kinder gibt es nichts Schöneres als im Freien zu spielen und sich an der frischen Luft nach Herzenslust auszutoben. Denn draußen machen Nachlaufen, Verstecken, Blinde Kuh und Abschlagen doch viel mehr Spaß als drinnen, wo der Spielraum sehr eng und begrenzt ist. Und nach einem solchen Tobetag gibt es abends nur glückliche und zufriedene Kinder, die todmüde ins Bett fallen.

Raupenspiel

ab 3 Jahre

je mehr, desto besser

drinnen oder
draußen

Machen mehr als sechs Kinder bei diesem Spiel mit, so kann man zwei oder drei Gruppen bilden. Die Kinder einer Mannschaft stellen sich mit gespreizten Beinen hintereinander auf. Alle halten sich mit den Händen an den Schultern des Vordermannes fest. Auf ein Kommando hin, beginnt das letzte Kind durch die Beine der anderen zu krabbeln. Ist es vorne angekommen, so stellt es sich mit gespreizten Beinen vor die anderen Raupenglieder auf, und das nächste Mannschaftsmitglied setzt das Spiel fort.

Wenn es bei diesem Spiel nur eine Gruppe gibt, so kann man die Zeit messen, die die Raupe benötigt, um von einem Ort zum anderen zu gelangen.

Machen mehrere Mannschaften mit, so kann man vor Beginn des Spieles festlegen, was das Ziel ist. Die Raupe, die dann als Erste die Ziellinie überschreitet, hat gewonnen.

Wer fängt das Seil?

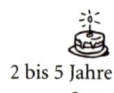

2 bis 5 Jahre

ab 3 Teilnehmer

draußen

Springseil

Dieses Spiel ist einfach in seinen Regeln und macht auch den Kleinsten Spaß!

Ein Kind hält das eine Ende des Seils fest, das andere liegt auf dem Boden. Jetzt läuft das Kind mit einem kleinen Vorsprung los und zieht das Seil schlängelnd hinter sich her. Alle anderen Teilnehmer dieses Spiels laufen hinter dem „schlängelnden" Kind her und versuchen nun, das Seilende zu schnappen. Der Läufer muss aber das Seil so bewegen, dass die Jäger es auch schnappen können!

Wer als Erster das Seil festhalten kann, darf als Nächster mit dem Seil losrennen.

Häschen hüpf

Wir wissen ja alle, dass die Häschen viele Karotten essen, damit sie gut sehen können. Bei diesem Spiel nimmt ein Häschen teil, das keine Karotten mag und deshalb „blind" ist. Um dies darzustellen, werden einem Kind die Augen verbunden. Dieses Häschen darf jetzt so viel herumhüpfen, wie es möchte. Die anderen Hasen – die sehr gut sehen können – dürfen dagegen nur zehn Sprünge machen. Das „blinde" Häschen versucht nun, hoppelnd die anderen zu fangen.

Das Spiel geht so lange, bis alle Häschen dingfest gemacht worden sind. Falls dies zu lange dauert, bekommt der Fänger Unterstützung durch andere Häschen, denen ebenfalls die Augen verbunden werden.

3 bis 5 Jahre

ab 5 Teilnehmer

Häuser- und Baumsymbol
draußen

Schal oder
Halstuch

Eiszapfen auftauen

Vor dem Spiel werden ein oder mehrere Kinder als Fänger ausgewählt. Diese müssen nun versuchen, die herumlaufenden Mitspieler abzuschlagen. Gelingt dies, so muss das berührte Kind sofort zu einem Eiszapfen gefrieren.

Jeweils zwei Eiszapfen dürfen sich zusammentun und gemeinsam eine Brücke bilden, indem sie sich an den Händen fassen. Noch freie, herumlaufende Kinder können die Eiszapfen wieder auftauen, indem sie unter der Brücke hindurchkriechen.

Das Spiel ist zu Ende, wenn alle herumlaufenden Kinder zu Eiszapfen erstarrt sind und somit nicht mehr befreit werden können.

3 bis 5 Jahre

ab 5 Teilnehmer

draußen

Ochs am Berg

ab 3 Jahre

beliebig viele
Teilnehmer

draußen

Zunächst legen wir eine Spielfläche fest. Diese sollte etwa 5 m lang und 3 m breit sein. Nun stellen wir uns alle auf der einen schmalen Spielseite auf. Ein zuvor durch einen Auszählreim ausgewählter Spieler begibt sich an die andere Schmalseite und kehrt uns den Rücken zu. Während er folgenden Spruch ruft, schleichen wir uns vorsichtig an ihn heran:

„Ochs am Berg, eins, zwei, drei!"

Danach dreht er sich ganz schnell um und alle Kinder müssen zu Salzsäure erstarren. Wer sich in diesem Moment noch bewegt, der muss ausscheiden. Anschließend dreht sich der „Ochse" wieder um, und das Spiel beginnt von vorne.

Wer als Erster den Spieler berührt, übernimmt in der nächsten Runde seine Rolle.

Blinzeln

Bevor das Spiel losgeht, werden die Stühle im Kreis aufgestellt. Jeweils ein Kind setzt sich auf einen Stuhl, ein anderes stellt sich dahinter. Nur ein Kind bleibt allein hinter einem Stuhl stehen – der Blinzler. Die hinter dem Stuhl stehenden Kinder haben die Aufgabe, ihren Vordermann oder ihre Vorderfrau am Ausreißen zu hindern. Denn der Blinzler muss einem der vorne Sitzenden zublinzeln, was so viel heißt wie: „Komm zu mir!" Diesem „Aufruf" muss sofort Folge geleistet werden!
Damit es das hinten stehende Kind nicht so einfach hat, seinen Vordermann festzuhalten, muss es seine Hände auf dem Rücken verschränken. Es darf erst dann nach dem Sitzenden greifen, wenn dieses sich rührt, also davonlaufen will.
Hat der Blinzler einen Partner gewonnen, so stellt sich dieser hinter ihn. Jetzt ist derjenige der Blinzler, der vorne steht.

ab 4 Jahre

ab 5 Teilnehmer
(die Zahl muss
ungerade sein)

drinnen oder
draußen

Stühle

Böser Mann

Bei diesem Spiel treffen sich alle auf einem großen Platz. Auf zwei gegenüberliegenden Seiten malen wir jeweils ein Feld auf. Nun wird eines der Kinder zum „Bösen Mann" gewählt. Dieser steht in dem einen Feld, die restlichen Kinder in dem anderen. Jetzt ruft der böse Mann: „Wer fürchtet sich vor dem bösen Mann?" Die Kinder antworten: „Niemand!" Daraufhin der böse Mann: „Wenn er aber kommt?" Die Kinder: „Dann laufen wir davon!" Nach diesem Ruf rennen alle los und versuchen, das gegenüberliegende Feld zu erreichen. Der böse Mann versucht nun, die Kinder zu fangen. Dies ist der Fall, wenn er einem Kind drei Schläge gibt. Die Gefangenen müssen ihm beim nächsten Durchgang helfen. Das Kind, das übrig bleibt, ist der nächste böse Mann.

ab 3 Jahre

ab 5 Teilnehmer

draußen

Kreide

51

Katz und Maus

3 bis 5 Jahre

ab 6 Teilnehmer

draußen

Die Kinder stellen sich im Kreis auf und fassen sich an den Händen. Zwei Kinder werden aus der Gruppe ausgewählt und spielen die Katze und die Maus.

Zu Beginn des Spieles befindet sich die Maus innerhalb des Kreises, die Katze steht außerhalb. Sie ruft nun laut: Mäuschen, Mäuschen, komm aus deinem Haus!" Die Maus antwortet: „Nein, ich komm nicht heraus!" Daraufhin ruft die Katze: „Dann fang ich dich in deinem Haus!" und versucht, in den Kreis einzudringen, um die Maus zu fangen. Die Kinder, die den Kreis bilden, müssen nun zusammenrücken oder die Hände senken, um ein Durchschlüpfen der Katze zu verhindern. Das Mäuschen dagegen darf überall ungestört hindurchkriechen.

Gelingt es der Katze, die Maus zu fangen, so darf sie zwei Kinder auswählen, die im nächsten Durchgang Katz und Maus darstellen.

Verstecken spielen

2 bis 5 Jahre

ab 5 Teilnehmer

drinnen oder
draußen

Verstecken spielen macht draußen am meisten Spaß. Man kann sich aber natürlich auch sehr gut in der Wohnung verstecken.

Die Regeln dieses Spiels sind sehr einfach: Ein Spieler wird zum Fänger ernannt. Dieser stellt sich mit dem Gesicht an eine Wand, an einen Baum oder an einen Zaun und beginnt langsam und deutlich bis zwanzig zu zählen. Die anderen Kinder verstecken sich in dieser Zeit hinter den Mülltonnen, einem Busch oder Baum, in eine Garageneinfahrt und und und …

Jetzt geht die Suche los. Hat der Fänger jemanden gesehen, so läuft er ganz schnell an den Abzählplatz zurück und schlägt an. Dabei muss er den Namen des Kindes rufen, das er erkannt hat, und wo es sich befindet. Zum Beispiel: „Michael! Rauskommen! Hinter der Mülltonne von Müllers!" Das entdeckte Kind hat jedoch die Chance, sich freizuschlagen. Dazu muss es vor dem Fänger am Abzählplatz ankommen und anschlagen. Dabei sollte es laut „Frei!" rufen.

Abschlagen

Bevor wir mit dem Abschlagen-Spiel beginnen, legen wir genau das Spielfeld fest. Nun wird ein Mitspieler zum „Abschläger" bestimmt. Dieser muss eines der Kinder, die sich frei im Feld bewegen dürfen, abschlagen. Der Abgeschlagene wird dann der neue Abschläger.

Damit das Spiel nicht langweilig wird, können wir es in vielen Variationen spielen:

ab 4 Jahre

ab 4 Teilnehmer

draußen

1. Zuvor vereinbaren wir einen sicheren Ort, zum Beispiel einen Baum oder einen Gegenstand, wohin sich die Verfolgten vor dem Abschläger retten können. Fassen sie diesen an oder halten sie sich daran fest, so können die Kinder nicht abgeschlagen werden.

2. Eine andere Variante des Spieles ist, dass der Abschläger einen bestimmten Körperteil treffen muss, zum Beispiel das rechte Bein. Trifft er ein Kind an dieser Stelle, so muss dieses auf dem linken Bein herumhopsen, bis es ein anderer Mitspieler abschlagen kann.

3. Anstelle eines sicheren Ortes können wir auch festlegen, dass ein verfolgtes Kind sich zu einem anderen Mitspieler retten kann. Dann muss es laut „Rette mich!" rufen, woraufhin der Mitspieler ihm die Hand reicht. Hat das verfolgte Kind die Hand des „Retters" erfasst, bevor es abgeschlagen wurde, so ist es gerettet.

Ausbrecher-Spiel

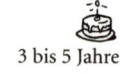

3 bis 5 Jahre

ab 3 Teilnehmer

draußen

Kreide oder
langes Seil

Das Ausbrecher-Spiel kann man auf einer Wiese oder in einer Spielstraße spielen. Ist der Ort des Geschehens eine Wiese, so legen wir ein langes Seil in Form eines großen, rechteckigen Spielfeldes aus. Wollen wir auf geteerter Fläche spielen, so malen wir mit Kreide das Spielfeld auf. In die Mitte zeichnen (oder legen) wir ein kleines Quadrat – dieses ist das Gefängnis. Dahinein werden zwei „böse" Ganoven gesteckt, die von der Verbrecherbande befreit werden sollen. Um das Gefängnis patrouilliert ein Polizist. Die Bandenmitglieder versuchen nun, die Knastinsassen durch Abklatschen zu befreien. Werden sie von dem Gefängniswärter erwischt, dann müssen sie ebenfalls in das Gefängnis.

Das Spiel ist beendet, wenn alle Ganoven befreit oder wenn alle Bandenmitglieder im Gefängnis sind. Beim nächsten Durchgang spielt dann das Kind den Polizisten, das zuerst erwischt wurde.

Dreibein-Fangspiel

ab 4 Jahre

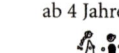

ab 6 Teilnehmer

draußen

Tücher

Dieses Spiel macht sehr viel Spaß! Zunächst wählen wir ein Spielfeld von etwa 5 m Seitenlänge aus. Nun bilden wir Gruppen von jeweils zwei Spielern. Dabei ist zu beachten, dass die Paare in etwa gleich groß sind. Die beiden Kinder stellen sich seitlich nebeneinander, sodass sich die Schultern berühren. Jetzt werden die innen befindlichen Beine knapp über dem Knie mit einem Tuch zusammengebunden. Vorsicht: Nicht zu fest, damit das Band nicht einschneidet!

Alle Paare springen dann in das Spielfeld, und eines wird als Fänger ausgewählt. Dieses versucht gemeinsam hüpfend ein anderes Paar abzuschlagen. Gelingt es, so wird dieses zum Fängerpaar, und das Spiel beginnt von vorne.

Fischer-Spiel

Für dieses Spiel benötigen wir ein rechteckiges Spielfeld, das ungefähr 8 x 10 Meter groß ist.

ab 4 Jahre

Bevor es losgeht, werden drei Kinder zu Fischern und stellen sich an der schmalen Seite des Spielfeldes auf. Indem sie sich an den Händen festhalten, bilden sie ein Fischernetz.

ab 5 Teilnehmer

Die restlichen Kinder sind die Fische. Sie gehen an die andere Seite des Spielfeldes und „schwimmen" los. Die Fischer müssen nun versuchen, einen oder mehrere Fische zu fangen, indem sie sie mit dem Netz umschließen. Wurde ein Fisch gefangen, so wird er automatisch zu einem Teil des Fischernetzes, das heißt, er fasst ebenfalls einen der Fischer an den Händen.

draußen

Im Laufe des Spieles wird das Netz immer länger, die Fische immer weniger und die verbliebenen Fische haben es immer schwerer, das rettende Ufer zu erreichen.

Wäscheklammer-Jagd

Je nachdem wie viele Kinder mitspielen, ernennen wir zwei bis vier Kinder zu Fängern. Sie bekommen mehrere Wäscheklammern, die sie an ihre Pullover oder T-Shirts festklemmen. Auf ein Kommando rennen die Kinder ohne Klammern los und die Fänger hinterher. Wenn diese eines der weglaufenden Kinder erreichen, so versuchen sie eine Wäscheklammer anzuklemmen. Dabei dürfen die Klammern natürlich nicht herunterfallen. Passiert dies doch, so muss ein neuer Versuch gestartet werden. Aber bitte im Eifer des Spieles nicht zu sehr an der Kleidung der anderen herumreißen!

3 bis 6 Jahre

ab 5 Teilnehmer

draußen

Wäscheklammern

Ziel des Spieles ist, dass einer der Fänger als Erster alle Klammern los wird.

Hund und Katzen

Zunächst wird in einer geheimen Verlosung festgelegt, wer der Hund sein soll. Jedes Kind zieht ein Pappkärtchen. Auf einem ist ein Hund abgebildet, auf den übrigen Katzen.

Nun werden Gegenstände aufgestellt, auf die sich Katzen retten können, wie Kisten, Eimer, Fässer usw. Alle Kinder kauern sich in einem Kreis zusammen, der Abstand voneinander darf nicht mehr als zwei Schritte betragen. Alle beginnen zu miauen – auch der Hund, der sich noch tarnen muss. Wenn das Katzengeschrei so richtig schön im Gange ist, muss der Hund dreimal laut bellen. Alle Katzen versuchen sich an einen sicheren Ort zu retten. Erwischt der Hund jedoch eine, ist das Spiel vorbei. Bei der nächsten Runde wird erneut ausgelost, wer den Hund spielt.

3 bis 5 Jahre

ab 5 Teilnehmer

draußen

alles, worauf man steigen kann

5 Pappkärtchen mit 4 Katzen und einem Hund

Blinde Kuh

Blinde Kuh ist ein wahrer Klassiker unter den Kinderspielen. Schon Generationen haben sich hierbei vergnügt. Viele Variationen sind möglich. Im Allgemeinen sind folgende Regeln einzuhalten:

Ein Mitspieler wird durch einen Abzählreim als Blinde Kuh bestimmt. Um die Kuh – oder den Stier – erblinden zu lassen, binden wir ihm ein Tuch um die Augen. Damit wir auch sicher sein können, dass die Kuh wirklich nichts sieht, fuchteln wir ihr vor den Augen herum. Ist die Kuh wirklich „blind", kann das Spiel beginnen.

Die Blinde Kuh wird jetzt mehrmals um die eigene Achse gedreht und dann losgelassen. Nun muss sie versuchen, einen der Mitspieler zu fangen. Diese weichen natürlich aus. Ganz flinke Kinder können die Blinde Kuh ärgern, indem sie sie kneifen oder

2 bis 5 Jahre

ab 5 Teilnehmer

drinnen oder draußen

Hals- oder Kopftuch

57

kitzeln. Wird ein Kind gefangen, so muss es im nächsten Durchgang die Blinde Kuh spielen.

Eine andere Variation des Spieles kann folgendermaßen gehen: Die Blinde Kuh wird gedreht. Die Kinder verteilen sich und dürfen sich dann nicht mehr von der Stelle rühren. Erlaubt ist lediglich, dass sie mit dem Körper ausweichen.

Räuber und Gendarm

ab 4 Jahre

beliebig viele
Teilnehmer

draußen

mehrere Hals-
oder Kopftücher

Räuber und Gendarm ist ein Klassiker unter den Kinderspielen! Bereits unsere Großeltern haben es mit Begeisterung gespielt.

Vor Beginn teilen wir die teilnehmenden Kinder in zwei Mannschaften auf. Die eine Gruppe spielt die Räuber, die andere die Gendarmen. Letztere erhalten als Erkennungsmerkmal ein Tuch um den rechten Oberarm gebunden. Außerdem erhalten die Gendarmen noch ein paar zusätzliche Tücher, die sie zum Beispiel in die Hosentasche stecken können.

Nun geht es los: Die Räuber verteilen sich im zuvor festgelegten Gelände, wofür sie etwa 30 Sekunden Zeit bekommen. Dann schwärmen die Gendarmen aus, um sie zu fangen. Wurde ein Räuber ertappt, so wird er vom Fänger zum Hilfspolizisten ernannt. Als Symbol erhält er ebenfalls ein Tuch um den rechten Oberarm gebunden.

Das Spiel dauert so lange, bis nur noch ein Räuber übrig bleibt. Dieser erhält eine Siegesprämie, weil er sich am längsten gegen die Übermacht der Gendarmen behaupten konnte.

Wasser marsch!

Bevor das Spiel beginnt, bilden wir Gruppen. Je mehr Kinder in einer Gruppe sind, desto mehr Spaß macht es. An der Startlinie stellen wir die Becher, die Eimer mit Wasser und die Schöpfkellen, an der Ziellinie leere Eimer. Auf ein Kommando füllen die ersten Spieler der Mannschaften die Becher mit Wasser und laufen zu den Eimern an der Ziellinie; in diese schütten sie das Wasser. Dann bringen die Startläufer die Becher zurück und schlagen die nächsten Kinder an. Diese schöpfen dann ebenfalls Wasser usw. Es hat die Gruppe gewonnen, die zum Schluss am meisten Wasser im Eimer am Ziel hat. Da das Auge trügen kann, wird das Ergebnis mit dem Zollstock festgelegt.

Das Spiel wird noch interessanter, wenn ein richtiger Hindernisparcour zu überwinden ist. Dann kann es schon mal vorkommen, dass am Ziel gar kein Wasser mehr im Becher ist.

3 bis 5 Jahre

ab 6 Teilnehmer

draußen

pro Mannschaft
2 Eimer Wasser,
Schöpfkelle und
Plastikbecher,
Zollstock

Eisenbahnstaffel

Vor dem Spiel werden mindestens zwei Gruppen gebildet. Machen mehr als acht Kinder mit, so können es auch mehrere Mannschaften sein. Damit das Spiel richtig Spaß macht, sollten zu einer Gruppe immer mindestens vier Kinder gehören.

Die Gruppen stellen sich an einer Startlinie auf. Auf ein Kommando rennt das erste Kind zu einem entfernt liegenden Ziel, umrundet es, kommt zurück und schlägt den zweiten Läufer an. Dieser legt nun beide Hände auf die Schulter des ersten Kindes, und gemeinsam laufen sie die Strecke ab. Immer mehr Kinder werden abgeholt und bilden zusammen eine Eisenbahn. Natürlich muss diese auch die entsprechenden Laute von sich geben! Der Zug, der als Erster die Ziellinie überquert, hat gewonnen.

3 bis 5 Jahre

ab 8 Teilnehmer

draußen

Um das Spiel noch interessanter zu gestalten, kann man einen richtigen Hindernisparcour anlegen, der überwunden werden muss: Ein Baumstamm, auf dem die Eisenbahn „fährt"; ein Baum, der zu umrunden ist usw.

Falls unterwegs ein Waggon verloren geht, muss die Lokomotive ihn wieder einsammeln!

Bierdeckelrennen

ab 5 Jahre

beliebig viele
Teilnehmer

drinnen oder
draußen

pro Spieler
3 Bierdeckel
1 Kreide

Vor Beginn des Spieles wird mit Kreide die Rennstrecke aufgemalt. Machen sehr kleine Kinder mit, so sollte die Strecke nicht länger als zwei bis drei Meter lang sein.

Nun stellen sich alle Teilnehmer an der Startlinie auf und jeder erhält drei Bierdeckel. Diese sind folgendermaßen zu bedienen: Der Läufer betritt mit jeweils einem Fuß zwei Bierdeckel, während der dritte schrittbereit davor gelegt wird. Nach dem Startschuss muss er einen Fuß auf den dritten setzen, den freigewordenen Deckel aufheben und wiederum schrittbereit vor sich hinlegen. In dieser Form bewegen sich die Spieler langsam, aber stetig vorwärts. Wer als Erster ins Ziel kommt, hat gewonnen.

Man kann das Spiel noch etwas erschweren, wenn jeder Teilnehmer noch eine Zusatzaufgabe bekommt, z. B.

- einen Rucksack auf dem Rücken tragen
- einen Hut aufsetzen, der nicht verloren werden darf
- ein Gedicht aufsagen oder ein Lied singen.

Gordischer Knoten

Alle Teilnehmer bilden zunächst einen großen Kreis. Dann schließen sie die Augen und gehen mit ausgestreckten Armen zur Mitte hin. Wird ein anderer Mitspieler berührt, so muss man seine Hand nehmen und festhalten. Dann sucht der Spieler sich eine weitere Hand. Nach einer Weile fragt der Spielleiter, ob jeder zwei Hände gefunden hat. Ist dies der Fall, so dürfen nun alle wieder die Augen öffnen. Ganz sicher ist die Überraschung groß, wenn wir feststellen müssen, dass unsere Hände und Arme zu einem großen Knoten verschlugen sind.

Die Aufgabe besteht nun darin, dieses Knäuel zu entwirren. Dabei dürfen aber nicht die Hände der anderen Mitspieler losgelassen werden! Mit ein wenig Geduld gelingt es, allmählich den Knoten aufzulösen. Zum Schluss stehen alle Kinder wieder im Kreis und halten sich noch immer an den Händen.

ab 5 Jahre

ab 8 Teilnehmer

draußen

Hutstaffel

Vor Beginn des Spieles malen wir mit der Kreide eine Start- und eine Ziellinie auf. Nun werden die Mitspieler in Gruppen aufgeteilt. Jede sollte mindestens aus drei Kindern bestehen. Auf die Startlinie legen wir einen Hut, und auf die Zielgerade stellen wir einen Eimer. Der Spielleiter gibt das Startsignal und die jeweils ersten Läufer setzen sich den Hut auf, rennen zur Zielgeraden, umrunden den Eimer und flitzen zurück. Am Ziel angekommen, übergeben sie den Hut dem nächsten Spieler. Dieser setzt ihn auf und läuft los.

Das Spiel ist zu Ende, wenn alle Mitglieder einer Gruppe als Erste wieder im Ziel angekommen sind.

ab 4 Jahre

ab 6 Teilnehmer

draußen

je Gruppe
Hut, Eimer, Kreide

61

Geschicklichkeitsspiele

Kindern macht es einen Riesenspaß, wenn ihnen zum ersten Mal etwas für sie Schwieriges gelingt. Der Ball fliegt tatsächlich in den Korb, wo er hin soll, der Bauklotz passt in die richtige Öffnung und der Luftballon überquert wirklich als Erster die Ziellinie.

Diese spannende Phase beginnt meist ab dem 3. Lebensjahr, wenn die Motorik voll ausgebildet ist. Und dann sind diese Geschicklichkeitsspiele der große Renner.

Welcher Luftballon ist als Erster im Ziel?

ab 3 Jahre

ab 3 Teilnehmer

drinnen

Luftballons, Schnur

Zunächst legen wir die Schnur auf den Boden schön gerade als Ziellinie aus.

In einigen Metern Entfernung hocken wir uns nebeneinander hin. Jeder Teilnehmer erhält einen Luftballon, den er vor sich platziert. Auf ein Kommando hin beginnen wir nun, den Luftballon vor uns herzupusten.

Das Kind, dessen Luftballon als Erster die Ziellinie erreicht, hat das Spiel gewonnen. Natürlich wird dann eine Siegerehrung vorgenommen. Ein Schokokuss ist ein „Pokal", der immer gut ankommt! Auch Gummibärchen werden nicht verschmäht.

Luftballontreten

ab 4 Jahre

ab 3 Teilnehmer

draußen

Luftballons, Schnur

Mithilfe eines Abzählreims suchen wir den ersten Spieler. Er darf sich nun einen Luftballon auswählen, der an seinem Knöchel festgebunden wird.

Auf ein Startkommando hin reißt das Luftballon-Kind aus. Die anderen flitzen hinterher und versuchen den Luftballon zu treten, ihn also zum Platzen zu bringen. Das Kind, dem dies gelingt, darf sich als Nächstes einen Luftballon um den Knöchel binden.

Wichtig: Luftballontreten sollte man nur mit Kindern spielen, die keine Angst vor zerplatzenden Luftballons haben! Denn sonst ist der Spaß sehr schnell vorbei!

Luftballon-Hockey

ab 4 Jahre

ab 4 Teilnehmer

draußen

pro Kind
Luftballon
und Kochlöffel

Jedes Kind erhält einen Luftballon und einen Kochlöffel. Alternativ kann man für diesen auch eine Papprolle verwenden, die in den Küchenrollen als Verstärker dienen. Mit diesen Werkzeugen bewaffnet stellen wir uns nun alle an einer Startlinie auf. Auf ein Startkommando hin treiben wir unseren Luftballon mit dem Kochlöffel vorwärts. Machen sehr kleine Kinder bei diesem Spiel mit, so ist die Rennstrecke ein gerades Stück. Sind die Teilnehmer schon älter, so kann man auch Hindernisse aufbauen, um die die Luftballons herumgeführt oder durch die sie geschoben werden müssen.

Gewonnen hat das Kind, dessen Luftballon als Erster die Ziellinie überquert.

Korbball

ab 3 Jahre

ab 3 Teilnehmer

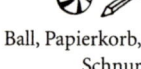

drinnen oder
draußen

Ball, Papierkorb,
Schnur

Beim Korbball können schon ganz kleine Kinder mitmachen. Zunächst wird ein Papierkorb aufgestellt. Von diesem etwa drei Meter entfernt, legen wir die Schnur gerade hin. Diese bildet die Wurfgrenze, hinter der sich alle Kinder aufstellen. Sie darf nicht übertreten werden! Nun versuchen alle nacheinander, den Ball in den Korb zu werfen. Sinnvoll ist es, vor dem Spiel festzulegen, wie viele Durchgänge erlaubt sind. Das Kind, das am meisten Bälle schafft, wird Wurfchampion.

Schrittball

Zunächst malen wir mit der Kreide eine Linie und davon, etwa 10 m entfernt, eine weitere. Nun stellen wir uns alle mit dem Rücken zur zweiten an der ersten Linie auf. Davor steht ein Werfer (oder der Spielleiter), der dem ersten Spieler den Ball zuwirft. Dieser muss ihn fangen und wieder zurückwerfen. Schafft er das, tritt er einen Schritt zurück, schafft er es nicht, muss er einen Schritt vortreten. So kommen nach und nach alle Spieler dran, dann wird beim Ersten wieder begonnen.

Durch das Zurücktreten vergrößert sich der Abstand zum Werfer immer mehr, die Aufgabe wird also immer schwieriger. Wird aber dann die zweite Linie erreicht, so geht es wieder vorwärts und die Rückreise wird leichter.

Der Werfer darf bei diesem Spiel natürlich nicht unfair sein, also nicht die Bälle so werfen, dass sie nicht erreichbar sind!

ab 5 Jahre

beliebig viele Teilnehmer

draußen

Ball, Kreide

Jägerball

Zunächst wählen wir gemeinsam aus, wer als Erstes den Jäger spielen darf. Dieser Spieler erhält den Ball. Die anderen Kinder, die nun die Hasen sind, laufen oder hüpfen fröhlich herum. Der Jäger versucht mit seinem Ball einen Hasen zu treffen. War der Versuch erfolgreich, so muss der Hase augenblicklich sich umfallen lassen. Ein anderer Hase kann ihn wieder zum Leben erwecken, indem er über den liegenden Körper hüpft.

Das Spiel geht solange, bis nur noch ein Häschen übrig ist. Dieses darf in der nächsten Runde die Rolle des Jägers übernehmen.

ab 4 Jahre

ab 4 Teilnehmer

draußen

Ball

Hutklau

ab 4 Jahre

ab 4 Teilnehmer

draußen

Hüte oder Mützen

Bei diesem Spiel geht es garantiert ziemlich turbulent zu! Die Hälfte oder ein Drittel der Kinder bekommt einen Hut oder eine Mütze. Diese setzen sie sich nun auf. Auf ein Startkommando hin reißen die Kinder mit Hut aus, und die ohne versuchen ihnen den Hut abzujagen.

Ist der Versuch erfolgreich, so setzt sich dieses Kind sofort den Hut auf. Wer seinen Hut verliert, versucht nun seinerseits wieder einen zu erjagen.

Als Variante kann man eine Zeit festlegen, in der nach den Hüten gejagt wird. Ist die Spielzeit vorbei, müssen die Kinder ohne Hut ein Pfand abgeben. Danach wird eine neue Runde gestartet. Die Pfänder können anschließend in einem anderen Spiel verlost werden.

Wattepusten

ab 3 Jahre

beliebig viele
Teilnehmer

drinnen

Wattebausch

Für dieses Spiel setzen wir uns alle rund um einen Tisch. Darauf legen wir in die Mitte einen Wattebausch. Mithilfe eines Abzählreimes legen wir dann fest, wer beginnen darf. Ziel des Wattepustens ist es, den Wattebausch einem anderen Mitspieler zuzublasen. Dieser muss aufpassen, dass die Watte nicht vom Tisch herunterfällt. Das kann er verhindern, indem er sie wieder jemandem anderen zubläst.

Fällt der Wattebausch doch herunter, so muss derjenige, der dies hätte verhindern sollen, ausscheiden oder ein Pfand abgeben. Diese können wir dann bei einem lustigen Pfänderspiel wieder auslosen.

Kistenfußball

Für dieses Spiel benötigen wir eine Kiste (zum Beispiel eine Apfel-sinenkiste aus dem Supermarkt) oder einen Karton. Machen mehr als fünf Spieler mit, so sollte man zwei Kisten besorgen. Nun brauchen wir noch einen Tennisball – und los geht es!

Ein Mitspieler ist der Kistenwärter. Er muss aufpassen, dass kein Ball in die Kiste gelangt. Zur Ballabwehr dürfen aber nur die Füße verwendet werden! Die anderen Spieler werden in zwei Gruppen aufgeteilt. Die Mannschaft, die in Ballbesitz ist, stürmt mit diesem auf die Kiste zu. Die andere versucht die Kiste zu verteidigen und den Ball wieder abzunehmen.

Vorab sollte verabredet werden, bei wie vielen Toren das Spiel beendet ist. Oder man legt wie beim echten Fußball eine Spiel-zeit fest.

ab 5 Jahre

ab 5 Teilnehmer

draußen

Ball, Kiste
oder Karton

Tierzirkus

3 bis 5 Jahre

ab 3 Teilnehmer

drinnen oder
draußen

Luftballons;
Radio oder
Kassettenrekorder

Bevor wir mit diesem Spiel beginnen, darf sich jedes Kind einen Luftballon seiner Wahl aussuchen. Nun beginnt die Musik zu spielen – idealerweise sollte diese etwas mit Tieren zu tun haben. Nach einer Weile Herumhüpfen macht der Spielleiter eine Ansage, zum Beispiel:

„Alle Kinder klemmen den Luftballon zwischen ihre Beine und hüpfen wie ein Känguru herum!" Diese Anweisung führen die Teilnehmer aus, bis der Spielleiter erneut die Musik stoppt und eine andere Ansage macht. Diese könnte folgendermaßen lauten:

„Alle Kinder halten das verknotete Ende des Luftballons mit den Zähnen fest und laufen ab jetzt rückwärts!"

Es gibt vieles, was die Kinder mit den Luftballons machen können: laufen, kriechen, springen, hopsen, usw. Schön wäre es, wenn dabei ein Tier imitiert wird.

Reifenrennen

ab 5 Jahre

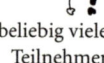

beliebig viele
Teilnehmer

draußen

pro Spieler
Plastikreifen und
Stöckchen

Für dieses Spiel benötigen wir große, leichte Hula-Hoop-Reifen, die es in jedem Spielwarenladen zu kaufen gibt. Außerdem sollte eine möglichst ebene Fläche als Spielfeld gewählt werden.

Zunächst legen wir die Rennstrecke fest: Sie sollte zu Beginn nicht größer als fünf bis zehn Meter lang sein. Nun stellen sich alle Kinder an der Startlinie auf. Jeder Spieler erhält einen Reifen und ein Stöckchen. Mit diesem schlagen sie auf ein Kommando hin vorsichtig an den Reifen und bringen ihn so in Fahrt. Während des Rennens laufen die Spieler neben dem Reifen her und treiben ihn mit dem Stöckchen immer wieder an. Gewonnen hat der Teilnehmer, der mit seinem Reifen zuerst die Ziellinie überquert.

Elefantenmarsch

Alle Teilnehmer stellen sich in einem Kreis auf. Dann wird ein Mitspieler ausgewählt, der den Elefanten spielen darf. Er hält sich mit einer Hand an seiner Nase fest, und durch das so entstandene Loch steckt er seinen anderen Arm – schon hat der Elefant einen Rüssel bekommen.

Der Elefant stellt sich in die Mitte des Kreises. Während alle das Elefantenlied singen, marschiert er im Kreis herum und schwenkt dabei seinen Rüssel. Zusätzlich muss er so tun, als ob er auf dem Rand eines Wasserglases balanciert. Wie im letzten Vers beschrieben, holt er sich dann ein Kind aus der Runde. Dieses muss ebenfalls wie ein Elefant hinter dem ersten herstapfen. Nach und nach werden alle Kinder abgeholt und bilden nun gemeinsam eine Elefantenherde.

ab 4 Jahre

ab 6 Teilnehmer

drinnen oder
draußen

Und so geht das Lied:
„Für einen Elefanten ist es ein Spaß,
zu balancieren auf einem Wasserglas.
Er findet das echt amüsant
und sucht sich einen zweiten
(dritten, vierten, fünften …) Elefant."

Wanderball

Bei diesem Spiel können auch die Kleinsten mitmachen. Einzige Voraussetzung ist, dass sie einen Ball schon gut fangen können. Alle Teilnehmer stellen sich in einen Kreis auf. Der Abstand zwischen den Spielern sollte nicht zu groß sein. Und los geht es! Wir reichen den Ball im Kreis herum; dabei werden wir immer schneller. Wer den Ball fallen lässt, scheidet aus.

Klappt das schon sehr gut, so vergrößern wir die Abstände. Jetzt muss der Ball ein wenig geworfen werden, und das Fangen wird schwieriger. So lässt sich der Schwierigkeitsgrad des Spieles immer mehr erhöhen, bis alle Teilnehmer ausgeschieden sind.

2 bis 5 Jahre

ab 5 Teilnehmer

draußen

Ball

Schlangenspiel

Das Schlangenspiel ist sehr komisch und macht Mitspielern aller Altersstufen Spaß – auch den Erwachsenen!

Zunächst wird mit Kreide eine Start- und eine Ziellinie aufgezeichnet. Die Länge der Rennstrecke sollte je nach Anzahl der Spieler variieren. Alle teilnehmenden Spieler werden auf zwei Mannschaften aufgeteilt. Jeweils der erste Mitspieler kniet sich an der Startlinie nieder, seine Mannschaftskollegen reihen sich hinter ihm auf und fassen mit beiden Händen die Fußgelenke des jeweils vorderen Kindes.

Auf ein Startzeichen hin beginnt das Rennen und die Schlangen setzen sich in Bewegung. Dies ist leichter gesagt als getan. Marschiert die Schlange nicht im Gleichtakt, so purzelt immer wieder ein Schlangenglied um. Stürzt gar die gesamte Schlange, so hat automatisch die andere gewonnen. Ansonsten ist diejenige Schlangenmannschaft Sieger, die als Erste vollständig die Ziellinie überquert hat.

ab 4 Jahre

beliebig viele Teilnehmer

draußen

Kreide

71

Sprungtuch

ab 4 Jahre

ab 4 Teilnehmer

drinnen

Luftballons,
weiche Bälle oder
Kuscheltiere

Jeweils die gleiche Anzahl an Kindern hält eines der Bettlaken am Rand fest. In das eine Laken legen wir nacheinander einen weichen oder leichten Gegenstand, wie einen Luftballon, einen Ball, ein Kuscheltier oder ein Kissen.

Das Ziel des Spieles ist es, die Sachen von dem einen Bettlaken in das andere zu befördern. Dies gelingt nur durch geschicktes Auf- und Abbewegen des Lakens. Am besten klappt es, wenn sich die Kinder mit den Laken nebeneinander stellen. Und natürlich müssen sie ihre Bewegungen gut aufeinander abstimmen.

Etwas schwieriger wird es, wenn die Kinder mit ihren Bettlaken einen größeren Abstand voneinander halten oder wenn mehrere Gegenstände durch die Luft befördert werden sollen.

Luftbett

ab 3 bis 5 Jahre

ab 3 Teilnehmer

drinnen

Luftballons, Folie

Für dieses Spiel müssen ganz viele Luftballons aufgeblasen werden. Diese werden miteinander verknotet und dicht aneinander auf den Boden gelegt. Darüber wird die Folie gebreitet. Keiner der Luftballons darf herausflutschen! Am besten ist es, wenn die Kinder die Folie am Rand fassen und auf den Boden drücken.

Nun darf sich abwechselnd ein Kind auf dieses Luftballonbett legen. Aber es darf kein Ballon kaputtgehen! Platzt ein Luftballon, scheidet dieses Kind aus dem Spiel aus. Es ist ein herrliches Gefühl, sich auf diese sich bewegende, luftige Masse zu legen! Außerdem ist es eine tolle Erfahrung, dass die Luftballons nicht oder nur selten platzen.

Das Till-Eulenspiegel-Spiel

Wir kennen doch alle die Streiche von Till Eulenspiegel. Einmal nahm er alle Schuhe und warf sie auf einen großen Haufen. Die Besitzer der Schuhe hatten nun das Problem, ihre wieder herauszufinden. Was? Ihr kennt die Geschichte noch nicht? Dann sollte sie vor diesem Spiel vorgelesen werden!

Wir spielen diesen Streich nun in einer neuen Variante nach: Alle Kinder setzen sich in einen Kreis auf den Boden. Jedes legt sein Paar Schuhe, das zuvor von dem Kind ausführlich betastet wurde, in die Mitte. Nun werden allen Mitspielern die Augen verbunden. Jedes Kind muss versuchen, aus dem Schuhberg seine Schuhe herauszufinden. Dies ist gar nicht so einfach! Wenn alle Kinder der Meinung sind, sie hätten ihre Schuhe gefunden, so werden die Tücher von den Augen genommen und die Bescherung angeschaut. Na, wer war bei seiner Suche erfolgreich?

Das Spiel kann natürlich auch mit anderen Kleidungsstücken gespielt werden. Oder man spielt es in umgekehrter Reihenfolge mit bestimmten Gegenständen, wie z. B. Steinen, Blumen oder Tannenzapfen. Dazu werden den Kindern die Augen verbunden, dann gibt ein Erwachsener jedem Kind einen Gegenstand zum Befühlen in die Hand. Dann werden die Tücher von den Augen entfernt und jedes Kind muss „seinen" Gegenstand finden.

3 bis 5 Jahre

ab 4 Teilnehmer

drinnen

pro Kind Schuhpaar, Kopf- oder Halstücher

Wäsche auf- oder abhängen

ab 4 Jahre

ab 6 Teilnehmer

drinnen oder
draußen

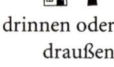

verschiedene
Wäschestücke,
Wäscheklammern,
Schnur, Körbe

Dieses Spiel kann man in zwei Varianten spielen: Zunächst teilen wir die Kinder in Gruppen auf (Mindestanzahl: 3 Teilnehmer). Dann ziehen wir uns mit der Schnur pro Gruppe eine Wäscheleine, z. B. zwischen zwei Bäumen. An diese hängen wir jeweils die gleiche Anzahl an Wäschestücken. Auf ein Kommando hin läuft das erste Gruppenmitglied los, hängt ein Wäschestück ab und bringt es zur Startlinie zurück. Dort steht für jede Gruppe ein Wäschekorb, in dem die Socke, das T-Shirt oder das Tuch hineingelegt wird. Das Team, das als Erstes alle Wäschestücke abgehängt und in den Korb gelegt hat, hat gewonnen.

Die zweite Variante dieses Spieles geht genau umgedreht: Nun muss jede Gruppe eine gewisse Anzahl an Wäschestücken zur Leine transportieren und dort aufhängen. Gewinner ist derjenige, dessen Korb zuerst leer ist.

Konzentrationsspiele

Konzentrationsspiele erfordern eine Menge Aufmerksamkeit von Kindern. Sie müssen einige Zeit bei einer Sache bleiben, sich unterschiedliche Dinge merken und auch gut zuhören, damit sie nichts verpassen, sonst gibt's Probleme beim Spielen.

Und da es den Kleinen auch ziemlich schnell langweilig wird, braucht man schon ein paar lustige Spielideen, um sie „am Ball" zu halten. Wie wäre es mit „Hänschen, piep einmal" oder dem „Gummibärchenrennen"?

Grün, grün, grün

ab 2 Jahre

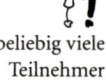

beliebig viele
Teilnehmer

drinnen oder
draußen

Wir stellen uns alle hintereinander auf. Während wir das Lied singen, marschieren wir alle im Kreis herum. Beim Nennen der Farben zeigen die Kinder auf die besungene Farbe. Dies können Kleiderstücke oder Gegenstände aus der Umgebung sein. Die passenden Berufe zu den Farben können sich die Kinder selbst ausdenken.
Nachfolgend werden einige Verse aufgelistet, die jedoch um weitere Farben und Berufe erweitert werden können:

„Grün, grün, grün sind alle meine Kleider,
grün, grün, grün ist alles, was ich hab.
Darum lieb ich alles, was da grün ist,
weil mein Schatz ein Jäger, Jäger ist."

Schwarz: Schornsteinfeger
Rot: Feuerwehrmann
Blau: Polizist, Schlossermeister
Weiß: Doktor, Krankenpfleger, Maler
Bunt: Maler, Clown

Küssen erlaubt

ab 2 Jahre

ab 6 Teilnehmer

drinnen

verschiedene
Lippenstifte

Vor diesem Spiel werden zwei Gruppen gebildet. Die Teilnehmer der einen dürfen sich die Lippen dick mit Lippenstift bemalen, die andere Gruppe bleibt ungeschminkt. Nun verteilen wir uns alle im Raum, und das Licht wird gelöscht. Die erste Gruppe versucht nun, so viele Kinder wie möglich aus der anderen zu küssen. Nach einiger Zeit sehen wir uns unsere Opfer an. Alle sichtbaren Spuren eines Kusses werden gezählt.

In der zweiten Runde darf sich die andere Gruppe die Lippen schminken, und das Spiel geht von vorne los. Es hat die Gruppe gewonnen, die die meisten Küsse für sich verbuchen kann. Und welcher Preis wird an die Sieger vergeben? Natürlich erhält jedes Kind der Siegergruppe einen Schokokuss!

Alle Vöglein fliegen hoch!

Alle Teilnehmer setzen sich im Kreis. Das Ziel dieses Spieles ist ganz einfach: Wir wollen uns gegenseitig reinlegen!

ab 3 Jahre

je mehr, desto besser

drinnen oder draußen

Die Regeln versteht jeder Mitspieler sofort: Zunächst trommeln wir alle leise mit den Zeigefingern auf den Tisch. Bei bestimmten Dingen, die der Spielleiter nennt, müssen wir die Arme heben. Hier ein Beispiel:

Zunächst sagen wir ganz laut: „Alle Vöglein fliegen hoch!" Dabei strecken wir beide Arme hoch in die Luft, weil die Vöglein wirklich fliegen können. Weiter geht es: „Alle Flugzeuge fliegen hoch! Alle Spatzen fliegen hoch! Alle Meisen fliegen hoch! Alle Bienen fliegen hoch! Alle Elefanten fliegen hoch!"

Wer jetzt seine Arme hochgerissen hat, ist reingefallen. Natürlich können Elefanten nicht fliegen – bis auf Dumbo, und der gilt dieses Mal nicht. Alle, die die Arme hochgehoben haben, müssen nun entweder ausscheiden oder ein Pfand geben. Letzteres macht am meisten Spaß. Denn die Pfänder kann man dann bei einem anderen Spiel wieder auslösen.

77

Ringlein, Ringlein, du musst wandern

ab 4 Jahre

ab 5 Teilnehmer

drinnen

eine Schnur, deren Länge den mitspielenden Kindern angepasst ist, ein Ring

Zunächst fädeln wir den Ring auf die Schnur. Diese knoten wir dann an den Enden zusammen. Jetzt setzen sich alle Kinder auf den Boden und bilden einen Kreis. Einer der Teilnehmer wird ausgewählt und lässt sich in der Mitte nieder. Die Kinder singen nun folgendes Lied:

„Ringlein, Ringlein, du musst wandern
von der einen Hand zur andern.
Oh, wie schön, oh, wie schön
ist das Ringlein anzusehn!"

Während des Singens wird der Ring unauffällig von Faust zu Faust weiter- oder auch zurückgeschoben.

Das in der Mitte sitzende Kind muss herausfinden, wo sich der Ring im Moment befindet. Hat es einen Verdacht, so ruft es laut „Stopp!" und deutet auf das Kind, das den Ring gerade haben soll. Ist seine Vermutung bestätigt, so muss nun das Kind in die Mitte, bei dem sich der Ring befand.

Fuchs und Hühner

ab 4 Jahre

ab 6 Teilnehmer

draußen

Tücher

Mithilfe eines Abzählreimes bestimmen wir, wer als Erstes den Fuchs spielt. Die Hühner, also alle anderen Kinder, bekommen ein Tuch, das sie sich so in die Hosentasche stecken, dass noch ein Zipfel herausschaut. Nun gehen alle Spieler frei herum. Die Hühner fragen dabei den Fuchs: „Herr Fuchs, was fressen Sie am liebsten?" Dieser antwortet dann zum Beispiel „Gänse, Mäuse, Hasen, Käfer, Salami, Käse" usw. Antwortet er allerdings „Hühner", so müssen alle flüchten. Denn wem der Fuch seinen Schwanz ausreißt, der muss in der nächsten Runde den Fuchs spielen.

Kennst du den kleinen Floh?

Wir setzen uns alle in einen Kreis entweder auf Stühle oder auf den Boden. Der Spielleiter eröffnet das Spiel, indem er seinen rechten Nachbarn fragt: „Kennst du den kleinen Floh?" Dieser wird wahrscheinlich „Nein!" sagen. Darauf erwidert der Spielleiter: „Der kleine Floh macht immer so" und tippt sich mit dem Zeigefinger an die Stirn (zeigt also einen „Vogel"). Der Nachbar muss nun die Frage nach rechts weitergeben, der Spielleiter tippt sich weiterhin an die Stirn. Die Frage geht nun reihum, bis alle dasitzen und mit dem Zeigefinger an die Stirn tippen. Jetzt nennt der Spielleiter eine neue Eigenschaft vom kleinen Floh, zum Beispiel Kopfschütteln, Kopfnicken, mit den Augen zwinkern, mit den Füßen wippen usw. Der Witz dabei ist, dass jede Bewegung zu der vorherigen dazukommt.

Zum Schluss sitzen wir alle mit dem Zeigefinger an die Stirn tippend, mit dem Kopf wackelnd, mit den Augen zwinkernd und mit den Füßen wippend da.

ab 4 Jahre

beliebig viele
Teilnehmer

drinnen oder
draußen

Wer hat den Ball?

ab 4 Jahre

ab 5 Teilnehmer

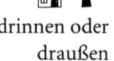
drinnen oder
draußen

Tennisball

Alle teilnehmenden Kinder setzen sich dicht nebeneinander in einen Kreis. Ein Kind wird ausgewählt und geht in die Mitte. Dann nehmen alle ihre Hände auf den Rücken. Der Spielleiter drückt unauffällig einem Teilnehmer den Ball in die Hand, den dieser entweder rechts oder links herum weitergibt. Das Kind in der Mitte beobachtet aufmerksam das Ganze. Meint es zu wissen, wo der Ball gerade steckt, so ruft es laut „Stopp!" und deutet auf das jeweilige Kind.

Stimmt das, so muss dieses Kind in die Mitte, und das Spiel fängt von vorne an.

Eine weitere Variation des Spieles kann sein, dass der Ball nur einmal herumgeht. Ist er beim ersten Kind wieder angekommen, ohne dass der Ball entdeckt wurde, so muss der Suchende eine weitere Runde in der Mitte bleiben.

Ekelkram

ab 5 Jahre

beliebig viele
Teilnehmer

drinnen oder
draußen

Gegenstände, die
klitschig, stachelig
oder klebrig sind;
Tücher

Für dieses Spiel werden verschiedene „eklige" Dinge benötigt, zum Beispiel nasse Seife, nasser Schwamm, Glibbermasse, gekochte Makkaroni oder Spaghetti, Joghurt, Wackelpudding, mit Wasser gefüllter Luftballon, Kiwi usw. Die Kinder helfen beim Zusammensuchen – sie werden staunen, wie viel ihnen allen zusammen einfällt!

Zwei Kinder betreuen die Ekel-Sammlung, die die anderen Spieler nicht sehen dürfen. Nun werden einige Kinder ausgewählt, die das Rateteam bilden. Sie bekommen die Augen mit Tüchern verbunden. Dann geht der Ekelkram von Hand zu Hand. Das Gekreische wird fürchterlich sein! Nachdem das Rateteam alle Gegenstände angefasst hat, werden sie wieder versteckt und die Kinder dürfen die Tücher abnehmen. Jetzt sagt jeder, was er erkannt hat. Anschließend dürfen sie sich dann die Gegenstände anschauen und noch einmal befühlen.

Gummibärchen-Rennen

Alle sitzen um einen Tisch. Darauf werden eine Menge kleiner Gegenstände zum Essen ausgebreitet, wie Schokolinsen, Bonbons, Haselnüsse und natürlich Gummibärchen.

Nun wird rundum mit dem Farbwürfel gewürfelt. Sobald die Farbe Rot fällt, darf sich der Würfler die Wollmütze aufsetzen. Allerdings muss er sie sich bis weit über die Augen herunterziehen. Dann tastet das Kind nach den Gummibärchen. Findet es eins, darf es das sofort essen. Sobald ein anderer Spieler Rot würfelt, erhält dieses Kind die Mütze, zieht sie sich über die Augen und beginnt mit dem Ertasten.

Wenn keine Gummibärchen mehr auf dem Tisch sind, die Kinder aber immer noch weiter spielen wollen, kann man in der nächsten Runde zum Beispiel die Schokolinsen nehmen.

Übrigens: Wenn Sie meinen, so viele ungesunde Süßigkeiten seien für Kinder heute nicht mehr akzeptabel, kaufen Sie Gummibärchen & Co. im Naturkostladen. Die Süßigkeiten dort sind mit Honig gesüßt.

ab 3 Jahre

beliebig viele Teilnehmer

drinnen

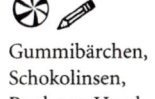
Gummibärchen, Schokolinsen, Bonbons, Haselnüsse, Farbwürfel, Wollmütze

Vorsicht Kuscheltier!

Wir stellen uns alle in einen Kreis auf, und zwar so, dass wir möglichst dicht beieinander bleiben. Nun wird die Musik angemacht,
und ein Kuscheltier wird von Kind zu Kind weitergegeben.
Dabei ist es wichtig, dass wir es ganz schnell wieder loswerden.
Denn wenn die Musik stoppt, muss der Spieler ausscheiden, der
zu diesem Zeitpunkt das Kuscheltier hat oder berührt. Es gilt
nicht, den Bären oder den Hasen auf den Boden zu werfen, wenn
die Musik stoppt! Dieses Kind scheidet dann ebenfalls aus!
Natürlich können auch andere Gegenstände als ein Kuscheltier
bei diesem Spiel verwendet werden. Es sollte sich nur leicht fassen
lassen und schön weich sein, damit auch die Kleinsten mitspielen können.

3 bis 5 Jahre

ab 5 Teilnehmer

drinnen

Kuscheltier,
Radio oder
Kassettenrekorder

Wo ist die Trillerpfeife?

Einem Kind, das dieses Spiel noch nicht kennt, werden mit dem
Tuch die Augen verbunden. Dann hängen wir diesem die Trillerpfeife so um, dass sie auf dem Rücken baumelt – es darf es aber
nicht merken!
Dem Kind mit den verbundenen Augen stellen wir nun die
Aufgabe, herauszufinden, wo die Pfeife versteckt ist. Immer
wieder schleicht sich ein anderes Kind an und bläst in die Trillerpfeife. Der Spieler wird sich ganz bestimmt auf das nächste
Kind stürzen und behaupten, dass es die Pfeife hat. Aber natürlich wird er sie dort nicht finden. Es dauert sicher eine ganze
Weile, bis er entdeckt, dass er sie selbst umhängen hat.

ab 3 Jahre

ab 3 Teilnehmer

drinnen oder
draußen

eine Trillerpfeife mit
Schnur, Halstuch

83

Körper verkehrt

ab 4 Jahre

ab 3 Teilnehmer

drinnen

Bei diesem Spiel ist es wichtig, dass es schnell gespielt wird. Der erste Teilnehmer sagt: „Das ist mein Mund", zeigt dabei aber auf seinen rechten Fuß. Der nächste Spieler wiederholt: „Das ist mein Ohr", deutet dabei auf den Fuß und fügt hinzu: „und das ist mein Ohr" und fasst sich an seine Hand. Der dritte Spieler wiederholt die beiden Sätze und die Handbewegungen, ergänzt aber die Liste der Körperteile durch einen weiteren Satz und einen Fingerzeig auf ein Körperteil. Das Spiel ist zu Ende, wenn alle Kinder einmal dran waren.

Als Variante können auch Gegenstände benannt werden, die nichts mit dem Körper zu tun haben. Dadurch kann das Spiel noch viel lustiger werden, als es schon ist!

Es tanzt ein Bi-ba-butzemann

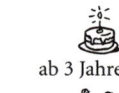

ab 3 Jahre

ab 5 Teilnehmer

drinnen oder
draußen

Zunächst wählen wir ein Kind aus, das den Butzemann spielen darf. Alle Kinder stellen sich in einen Kreis auf und klatschen in die Hände. Der Butzemann geht in die Kreismitte und hüpft zum ersten Teil des Liedes im Kreis herum. Im zweiten Teil macht er das nach, was im Lied beschrieben wird, im dritten dagegen darf er wieder herumhüpfen.

Zum Schluss macht der Butzemann einen besonders großen Hopser auf ein anderes Kind zu; dieses darf dann den Butzemann spielen.

Das Lied „Es tanzt ein Bi-ba-butzemann" ist sehr alt. Auch viele Muttis und Vatis haben es schon gesungen:

„Es geht ein Bi-ba-butzemann in unserem Kreis herum, di-del-dum.

Es geht ein Bi-ba-butzemann in unserem Kreis herum, di-del-dum.
Er rüttelt sich, er schüttelt sich, er wirft sein Säckchen hinter sich.
Es geht ein Bi-ba-butzemann in unserem Kreis herum.

Zeigt her eure Füße

Alle Kinder stellen sich in einen Kreis auf. Dann machen sie passend zum Lied die Bewegungen nach. Zunächst strecken sie abwechselnd den linken und den rechten Fuß nach vorn. Bei der Stelle „sie waschen", tun alle Kinder so, als ob sie Wäsche waschen würden.

ab 3 Jahre

unbegrenzt

drinnen oder draußen

Das Lied ist altbekannt. Schon viele Generationen haben es gesungen und danach gespielt:
„Zeigt her eure Füße, zeigt her eure Schuh
und sehet den fleißigen Waschfrauen zu.
Sie waschen, sie waschen, sie waschen den ganzen Tag.
Sie waschen, sie waschen, sie waschen den ganzen Tag."
Das Lied wird wiederholt, aber „sie waschen" durch folgende Tätigkeiten ersetzt:
– sie wringen
– sie bügeln
– sie legen
– sie tanzen
– sie tratschen usw.

Festival der Tiere

ab 4 Jahre

ab 5 Teilnehmer

drinnen oder
draußen

auf Pappe geklebte
Tierbilder (jedes Tier
mehrmals)

Jedes Kind zieht vor Beginn des Spieles ein Tierbild. Auf ein Kommando hin ahmen wir nun alle die Bewegungen und Laute des jeweiligen Tieres nach. Ruft der Spielleiter „Stopp!", so müssen sich die entsprechenden Tiere zu einer Gruppe zusammenfinden. Steht dabei ein Elefant bei der Gruppe der Kühe, so muss er leider ausscheiden. Beim nächsten Durchgang werden die Tierbilder neu verteilt (man kann natürlich auch Bilder mit neuen Tieren nehmen), und das Spiel beginnt von vorne.

Nachdem wir das Tierfestival einige Zeit gespielt haben und es dabei natürlich so richtig schön laut zuging, kann der Spielleiter den Kindern einiges über die Tiere erzählen.

Oder die Teilnehmer können selbst berichten, was sie schon wissen.

Tiere zeichnen

ab 5 Jahre

beliebig viele
Teilnehmer

drinnen

Schal oder Tuch,
mehrere Bögen
Papier, Malstifte

Bei diesem Spiel müssen nacheinander alle Spieler versuchen, mit verbundenen Augen ein Tier zu malen.

Hierfür hat der Spielleiter einige Bilder von Tieren bereitgelegt. Diese sollten aber nicht zu schwierig zu zeichnen sein. Gut eignen sich zum Beispiel Mäuse, Schweine, Katzen, Hunde, Schlangen, Schmetterlinge, Enten usw. Das schönste Gemälde wird nach dem Spiel prämiert, und der Künstler erhält einen Preis.

Machen ganz kleine Kinder mit, so dürfen diese das entsprechende Tier erst einmal vorzeichnen. Dann haben sie schon ein wenig die Formen verinnerlicht, und das blinde Zeichnen fällt nicht mehr so schwer.

86

Minutenspiel

Der Sinn dieses Spieles ist es einzuschätzen, wie lange eine Minute dauert.

Hierzu stellen sich alle Kinder nebeneinander auf und verschränken die Arme vor der Brust. Der Spielleiter schaut auf die Uhr und sagt, wann die Zeit läuft. Das Kind, das meint, dass eine Minute vergangen ist, setzt sich auf den Boden und sagt die Zahl 1, das zweite 2, das dritte 3 usw.

Wenn alle auf dem Boden sitzen, sagt der Spielleiter, welche Zahl einer Minute am nächsten lag. Dieses Kind erhält dann natürlich einen Preis – wie wäre es mit einem Schokokuss?

ab 4 Jahre

beliebig viele Teilnehmer

drinnen

Stopp- oder Armbanduhr

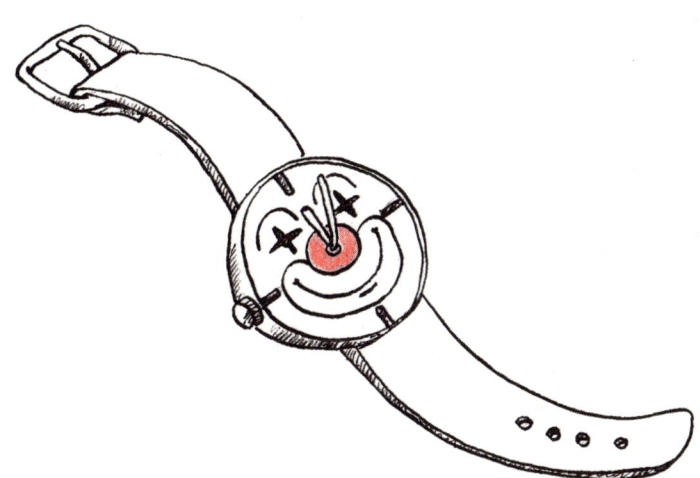

87

Kommando Pimperle

ab 4 Jahre

beliebig viele
Teilnehmer

drinnen oder
draußen

Das Spiel ist in seinen Regeln zwar ganz einfach, erfordert jedoch von allen Beteiligten höchste Aufmerksamkeit! Alle Mitspieler setzen sich um einen Tisch herum. Der Spielleiter gibt nun in wechselnder Reihenfolge Kommandos, die die Kinder und er selbst ausführen müssen:

Bei „Kommando Pimperle" wird mit den Fingern auf den Tisch getrommelt. Bei „Kommando hohl" dagegen wird mit der leicht gewölbten Hand auf den Tisch geschlagen. Ruft er jedoch „Kommando flach", dann wird mit der flachen Hand, und bei Kommando Faust" mit der Faust auf den Tisch geschlagen.

Lässt der Spielleiter bei seinen Befehlen das Wort „Kommando" weg, so macht er zwar als Täuschung die jeweilige Bewegung vor, aber die Kinder dürfen ihre bisherige Bewegung nicht wechseln! Wer dabei einen Fehler macht, scheidet aus oder muss ein Pfand geben.

Pinke-Panke-Mugel

ab 4 Jahre

2 Teilnehmer

drinnen oder
draußen

Glasmurmeln

Beide Kinder haben zu Beginn dieses Spieles gleich viele Murmeln. Ein Kind hält beide Hände hinter den Rücken und versteckt eine Murmel in die rechte oder linke Faust. Nun nimmt es beide Fäuste über Kreuz vor den Körper und spricht:

„Pinke-Panke-Mugel,
wo ist meine Kugel?
Unten oder oben,
drunter oder droben?
Pinke-Panke-still,
weil ich's jetzt wissen will!"

Nun muss der Mitspieler raten, in welcher Hand die Murmel ist. Hat er richtig geraten, erhält er die Murmel, war die Antwort falsch, muss er eine Murmel aus seinem Vorrat abgeben. Dann werden die Rollen getauscht, das Spiel beginnt von vorne.

Hänschen, piep einmal!

Zunächst stellen wir alle Stühle in einen Kreis auf. Darauf setzen sich die Kinder. Ein Spieler wird ausgeguckt und muss die blinde Kuh spielen. Ihm werden mit einem blickdichten Tuch die Augen verbunden, sodass er nichts mehr sieht.

ab 4 Jahre

beliebig viele Teilnehmer

Nun drehen wir die „Kuh" ein paar Mal im Kreis herum, damit sie die Orientierung verliert. Jetzt darf sie lostapsen, bis sie auf einen der sitzenden Spieler stößt. Die Kuh darf diesen betasten und dabei laut fragen: „Hänschen, piep einmal!" Das angesprochene Kind muss nun mit möglichst verstellter Stimme einen Laut von sich geben. Aber nicht dabei lachen, auch wenn es schwer fällt!

drinnen oder draußen

ein Tuch, so viele Stühle wie teilnehmende Personen

Errät die blinde Kuh, wen sie da vor sich hat, so werden die Rollen getauscht: Der erkannte Mitspieler muss in der nächsten Runde die Kuh spielen. Diese darf sich jetzt auf den frei gewordenen Platz setzen. Hat die blinde Kuh jedoch falsch geraten, so wird sie erneut gedreht und muss ein zweites Mal raten.

Regel- und Kreisspiele

Ältere Kinder sind schon sehr gut in der Lage, sich Regeln zu merken und auch danach zu handeln bzw. zu spielen.

Doch einfach ist das nicht. Es gehört schon einiges an Disziplin dazu, die Regeln zu befolgen, gerade dann, wenn man mal nicht auf der Gewinnerseite ist. Aber Regelspiele sind, wie Kreisspiele, eine gute Übung für das kindliche Sozialverhalten. Denn es gilt auf andere Mitspieler Rücksicht zu nehmen.

Regelspiele

Stein – Schere – Papier

Mit diesem Knobelspiel lassen sich Wartezeiten unterhaltsam überbrücken. Man braucht dazu nur zwei Spieler, die mit ihren Händen drei Dinge darstellen:

- Papier: Die Hand wird flach gehalten.
- Stein: Die Hand wird zur Faust geballt
- Schere: Zeige- und Mittelfinger werden gespreizt

ab 4 Jahre

ab 2 Teilnehmer

drinnen oder draußen

Es gilt die folgende Spielregel:
- Papier umwickelt den Stein: Papier hat gewonnen
- Schere schneidet das Papier: Schere hat gewonnen
- Stein schleift die Schere: Stein hat gewonnen.

Und so wird geknobelt:
Die beiden Spieler halten ihre rechte Hand auf dem Rücken und zählen laut bis drei. In dieser Zeit bilden sie mit einer Hand hinter dem Rücken eines der drei Zeichen. Auf „drei" strecken die Knobler ihre Hand nach vorn und stellen fest, wer gewonnen hat. Dabei muss man ein wenig nachdenken: Stellt ein Spieler Papier dar und der andere eine Schere, ist der erste besiegt, weil die Schere Papier zerschneiden kann. Zeigt das zweite Kind aber Stein hat das erste gewonnen, weil das Papier den Stein einwickeln kann. Haben beide Knobler das gleiche Zeichen gewählt, ist das Spiel unentschieden und es muss noch einmal geknobelt werden. Nehmen mehr als zwei Kinder teil, spielt jeweils der Sieger gegen das nächste Kind.

91

Nüsse sammeln

ab 4 Jahre

ab 2 Teilnehmer

drinnen

Nüsse

Die Kinder sitzen alle um einen Tisch herum. Jedes von ihnen hat einen gleich großen Vorrat an Nüssen vor sich liegen. (Es können auch andere kleine Dinge wie Steinchen, Streichhölzer oder Pfennige sein.) In die Mitte des Tisches gibt jeder Teilnehmer zwei Nüsse, die dann als Reihe aneinander gelegt werden. Ein Kind dreht sich um. Ein anderes zeigt auf eine Nuss in der Reihe. Danach darf sich das Kind wieder umdrehen und so lange eine Nuss nach der anderen aufnehmen, bis es die gezeigte Nuss erwischt. Dann rufen alle „Halt!", und es muss aufhören. Alle Spieler ergänzen den Vorrat. Dann kommt das nächste Kind an die Reihe. Wer zum Schluss die meisten Nüsse hat, hat gewonnen.

Pfänder auslösen

ab 4 Jahre

ab 2 Teilnehmer
+ 1 Spielleiter

drinnen oder
draußen

verschiedene Pfänder

Bei vielen Spielen ist es so, dass die Kinder, die nicht richtig raten oder die Regeln des Spieles nicht erfüllen, ein Pfand geben müssen. Am Ende des Spieles werden dann die Pfänder „ausgelöst". Dazu legt man sie alle in die Kreismitte und legt eine Decke darüber. Der Spielleiter fasst nun mit einer Hand unter die Decke, ertastet ein Pfand und fragt:
„Was ist das Pfand in meiner Hand? Was soll damit geschehn?"
Die Kinder denken sich nun eine Aufgabe aus, die der erfüllen muss, dem das Pfand gehört. Dann zeigt der Spielleiter es. Die Aufgaben, die gestellt werden können, sind zum Beispiel:

- ein kurzes Lied singen
- auf einem Bein um den ganzen Kreis herum hüpfen
- einen Zungenbrecher ganz schnell aufsagen
- einen Purzelbaum schlagen
- ein Rätsel erraten oder selber eins stellen

Bock, Bock, schiele nicht!

Die Anzahl der Kinder muss ungerade sein. Ein Kind wird abgezählt und ist jetzt der Bock. Die übrigen stellen sich paarweise hintereinander auf. Der Bock stellt sich so vor die Paare, dass er diesen den Rücken zuwendet. Dann klatscht er in die Hände und ruft:

„Bock, Bock, schiele nicht!"

Sogleich teilt sich das zuletzt stehende Paar und läuft, ein Spieler von links, ein Spieler von rechts, an dem vorne stehenden Bock vorüber. Während die zwei Kinder bemüht sind, sich wieder zu treffen, versucht der Bock, eins von beiden zu fangen. Gelingt es den beiden, sich wieder an den Händen zu fassen, so stellen sie sich als erstes Paar hinter den Bock, der wieder klatschen und rufen muss.

Gelingt es ihm aber, eines der laufenden Kinder zu fangen, so bildet er mit diesem das erste Paar, während der übrig gebliebene Spieler als Bock das Spiel fortsetzt.

ab 4 Jahre

ab 3 Teilnehmer

drinnen oder draußen

Fische fangen

Verknoten Sie ein langes Stück Paketschnur an seinen Enden. Dann wird ein Fischer gewählt, der in den Kreis geht, während die anderen den Kreis bilden und die Schnur mit den Händen festhalten. Die Hände der Kinder sind die Fische, die der Fischer fangen soll. Um das zu verhindern, schieben die Kinder ihre Hände rasch zueinander oder auseinander. Der Fischer versucht sie zu erhaschen, indem er ganz leicht auf die Hände der Kinder schlägt. Trifft er, so scheidet das Kind aus. Spielen viele mit, sollte nach einer vorher festgelegten Anzahl von gefangenen Fischen ein neuer Fischer gewählt werden.

ab 4 Jahre

ab 2 Teilnehmer

drinnen oder draußen

Paketschnur

93

Fuchs ohne Bau

ab 4 Jahre

ab 3 Teilnehmer

drinnen oder
draußen

Paketschnur

Jeder Mitspieler erhält ein Stück Paketschnur von etwa einem Meter Länge und stellt sich irgendwo im Raum auf. Dann legt er seine Schnur zu einer Acht auf den Boden und stellt je einen Fuß in einen Schnurkreis. Ein Kind wird nun mit einem Abzählreim ausgezählt und legt seine Schnur weg. Dann geht es zu irgendeinem Spieler und fragt: „Ist noch Platz in deinem Fuchsbau!"
Die Antwort lautet:
„Nein, mein Fuchsbau ist zu klein."
Nun geht das Kind nach und nach zu anderen Spielern, stellt seine Frage und erhält überall dieselbe Antwort. Plötzlich ruft es: „Füchse, der Wald brennt!"
Alle Füchse müssen nun aus ihrem Bau heraus und zu einem anderen wechseln. Das Kind nützt die Gelegenheit und springt schnell in einen freien Fuchsbau. Wer übrig bleibt, muss in der nächsten Runde einen Fuchsbau ergattern.

Alles, was Federn hat, fliegt!

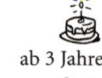

ab 3 Jahre

ab 3 Teilnehmer +
1 Spielleiter

drinnen

Die Kinder sitzen um einen Tisch herum. Ein Spielleiter gibt die Anweisungen. Zunächst klopfen alle Teilnehmer mit beiden Zeigefingern abwechselnd auf die Tischkante. Dann heißt es: „Alles, was Federn hat, fliegt!"
Bei diesen Worten hebt der Spielleiter die Hände hoch in die Luft, und die Kinder ahmen ihn nach. Dann wird wieder geklopft. Hiernach heißt es: „Die Vögel fliegen!", und wieder gehen die Hände hoch, dann „Die Gans fliegt!", die Hände gehen wieder hoch. Aber mittendrin heißt es plötzlich: „Die Pferde fliegen!" oder „Die Kühe fliegen!" Wer jetzt nicht scharf aufpasst und die Hände in die Luft streckt, der gibt ein Pfand ab.

Dieses Spiel bereitet erst dann viel Spaß, wenn das falsche Kommando in einem Augenblick gegeben wird, in dem die Aufmerksamkeit der Kinder etwas nachlässt.

Ringsucher

Auf einen langen Bindfaden wird ein kleiner Ring aufgezogen. Die Fadenenden verknoten Sie. Ein Kind sitzt mit dem Rücken zu den anderen Spielern auf dem Boden, diese bilden nun eine Reihe, nehmen den Bindfaden in beide Hände. Dann schieben die Spieler ihrem jeweiligen Nachbarn den Ring zu. Auf den Ruf des Kindes hin müssen alle Spieler die Hände stillhalten. Insgesamt zweimal darf es nun die Händepaare öffnen, wo es den Ring vermutet. Hat es falsch geraten, muss es weitersuchen. Erst wenn das Kind den richtigen Spieler erwischt hat, wird es erlöst, und dieser übernimmt die Rolle des Ringsuchers.

ab 4 Jahre

ab 3 Teilnehmer

drinnen oder draußen

Bindfaden, Ring

95

Papierkönig

ab 5 Jahre

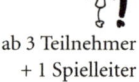

ab 3 Teilnehmer
+ 1 Spielleiter

drinnen

Krepppapier

Ein Kind wird zum Papierkönig gewählt und erhält einen Kragen aus bunten Papierstreifen (Krepppapier). Dann verbindet der Spielleiter ihm die Augen und führt ihn in die Kreismitte. Der Spielleiter gibt nun einem der im Kreis sitzenden Kinder ein Zeichen. Es versucht, sich an den Papierkönig anzuschleichen und ihm einen Papierstreifen abzureißen. Wenn der Papierkönig hört, aus welcher Richtung das Kind kommt, zeigt er in die Richtung. Hat er Recht, wird das ertappte Kind Papierkönig. Gelingt es ihm jedoch nicht, hat er zwei weitere Versuche. Danach wird ein neuer Papierkönig bestimmt.

Heiß und kalt

ab 5 Jahre

ab 3 Teilnehmer

drinnen

verschiedene
Gegenstände

Während ein Kind vor der Tür wartet, verstecken die anderen einen bestimmten Gegenstand im Zimmer. Dann wird der Spieler hineingerufen und beginnt den versteckten Gegenstand zu suchen. Die anderen rufen gemeinsam oder einzeln „heiß", wenn er ganz in der Nähe des Gegenstandes ist, „warm" wenn er etwas weiter entfernt ist und „kalt" wenn er in der völlig verkehrten Richtung sucht.

Hat er das Versteck gefunden, so wird ein anderes Kind bestimmt, das vor der Tür darauf wartet, bis der Gegenstand an einer anderen Stelle versteckt ist.

Bausteintransport

Zwei oder mehrere Kinder treten in diesem Wettkrabbeln gegeneinander an. Jedes bekommt einen Spielbaustein auf den Rücken. Die Spieler müssen so schnell wie möglich das Ziel erreichen, ohne den Baustein zu verlieren. Rutscht er doch einmal herunter, so muss das Kind anhalten, ihn aufheben und wieder auf seinen Rücken legen. Sieger ist, wer als Erster das Ziel erreicht.

ab 4 Jahre

ab 3 Teilnehmer

drinnen

Spielbausteine

Autorennen

Jeder Mitspieler erhält ein Spielzeugauto. Alle Wagen sollen etwa gleich groß und gleich schwer sein. An jedem wird vorn mit Klebeband ein zimmerlanger Zwirnsfaden befestigt. Zum Start stellen die Fahrer ihre Renner an eine Zimmerwand. Dann gehen sie – das andere Ende des Zwirns in der Hand – zur gegenüberliegenden Wand. Etwa einen halben Meter vor den Fahrern markieren Sie eine Ziellinie. Das Auto, das diese Linie als Erstes überrollt, ist Sieger des Rennens. Nun wickelt jeder Spieler das Ende seines Fadens um ein Stöckchen (Streichholz) bis der Faden leicht gespannt ist. Nach dem Kommando „Start" wickelt jeder aus Leibeskräften seinen Faden auf und zieht damit seinen Rennwagen zu sich her, um erster zu werden.

Wenn keine oder nicht genügend Autos da sind, lässt sich das Rennen auch mit Kartoffeln veranstalten. Man steckt dann einen Nagel in die Kartoffel und wickelt den Faden um den Nagelkopf. Lustig ist auch das Wettwickeln mit Bonbons; sie hängen an Fäden, die etwa einen Meter lang sind und um ein Streichholz gewickelt werden, wobei die Bonbons vom Boden in die Höhe steigen.

ab 5 Jahre

ab 3 Teilnehmer

drinnen

Spielzeugautos
(pro Kind eines)
Zwirn
Streichhölzer

Fischer, wie tief ist das Wasser?

ab 4 Jahre

ab 3 Teilnehmer

drinnen oder
draußen

Für dieses Spiel, das sich auch gut draußen spielen lässt, braucht man einen großen Raum, vor allem, wenn viele Kinder mitspielen. Ein Teilnehmer wird zum Fischer gewählt. Er geht an das eine Ende des Raumes, die übrigen Kinder an das andere. Dazwischen liegt „ein großes Meer".

Kinder: „Fischer, wie tief ist das Wasser?"

Fischer: „Hundert Meter tief!"

Kinder: „Wie können wir da rüberkommen?"

Fischer: „Auf einem Bein hüpfend!"

Der Fischer kann auch andere Aufgaben stellen, zum Beispiel

- wie eine Schlange kriechend
- rückwärts springend
- wie ein Hase hüpfend
- wie ein Vogel fliegend
- wie eine Katze laufend
- wie eine Schnecke kriechend

Der Fischer passt gut auf, dass die verlangte Bewegung auch wirklich ausgeführt wird. Wenn nicht, schickt er den Spieler zurück. Wer den Fischer als Erster erreicht, ist der neue Fischer und darf nun seinerseits den Rufern Aufgaben stellen.

Kreisspiele

Auf einem Gummiberg

Bis auf ein Kind sitzen alle im Kreis. Dieses geht im Innenkreis herum und stellt dabei folgende Frage.

ab 5 Jahre

ab 3 Teilnehmer

drinnen

„Auf einem Gummi-, Gummiberg,
da saß ein Gummi-, Gummizwerg.
Wie sah er aus?"

Während es das sagt, tippt es bei jeder Silbe ein Kind an. Das Kind, welches gefragt wird, nennt eine Farbe, zum Beispiel Grün. Nun geht das Kind im Kreis weiter und sagt Folgendes, wobei es wieder bei jeder Silbe ein Kind antippt:

„Hast du auch Grün an dir,
so bitte, bitte zeig es mir!"

Das Kind, bei dem es nun angelangt ist, muss an seiner Kleidung nach der geforderten Farbe suchen. Findet es sie, so darf es als Nächstes in den Kreis und das Spiel geht weiter. Hat das angesprochene Kind jedoch die Farbe nicht, so muss es ein Pfand zahlen. Ist das Spiel mehrere Male gespielt worden, können die Pfänder ausgelöst werden.

99

Lastträger

ab 5 Jahre

ab 3 Teilnehmer

drinnen

Kissen als „Bündel"

Die Kinder sitzen auf Stühlen im Kreis , nur eins von ihnen hat keinen Platz und wandert mit einem kleinen Bündel auf dem Rücken außen um den Kreis herum. Die Kinder im Kreis versuchen nun, möglichst ohne dass der „Lastträger" es bemerkt, ihre Plätze zu wechseln.

Er passt jedoch genau auf, und sowie er einen leeren Platz erwischt, wirft er sein Bündel rasch darauf. Der Platz gehört ihm nun. Der Spieler, der dadurch keinen Platz findet, muss nun selbst mit dem Bündel umherwandern und einen Platz ergattern. Gelingt es ihm nicht, das heißt, verfehlt er den Sitz oder kullert das Bündel herunter, so muss er mit seiner Last weiterwandern.

Die Trillerpfeife

ab 5 Jahre

ab 3 Teilnehmer

drinnen

Trillerpfeife,
Sicherheitsnadel

Die Kinder sitzen im Stuhlkreis. Ein Kind, das dieses Spiel auf keinen Fall kennen darf, steht in der Mitte.

Ein Spielleiter erklärt ihm, es müsse jetzt ein im Kreis herumgereichtes Pfeifchen suchen und dabei natürlich genau auf die Pfiffe achten. Während dieser Erklärungen befestigt ein Spieler oder ein Erwachsener die Trillerpfeife sehr vorsichtig mit einer Sicherheitsnadel hinten am Pullover des Kindes. Dann kann das Spiel beginnen.

Die Pfeife ertönt plötzlich, und das in der Mitte stehende Kind dreht sich schnell um, um sie zu erwischen. Vergebens, niemand hat sie! Jetzt pfeift es schon wieder! Erneut dreht sich das Kind in der Mitte um und sucht – aber wieder umsonst.

Es kann sehr lange dauern, bis es endlich entdeckt, dass man ihm ständig einen Streich spielt und das Pfeifchen sich gar nicht im Kreis, sondern an seinem Rücken befindet.

Gick-Gack-Gick-Gack

Die Kinder sitzen im Kreis und zählen einander ab: ein, zwei, eins, zwei … Dann wird zu zweien abgezählt. Ein Spieler geht als „Henne" in die Mitte. Sie fängt an zu gickern und zu gackern. Bei jedem „Gick" müssen sich die Kinder mit der Nummer eins schnell erheben und sofort wieder setzen. Bei „Gack" springen die Kinder mit der Nummer zwei auf und setzen sich dann ebenso schnell wieder hin. Die Henne spricht ihr „Gick-Gack-Gick-Gack" immer schneller, und die Kinder müssen daher immer schneller von ihren Stühlen aufspringen und sich wieder hinsetzen. Dabei kann es selbstverständlich vorkommen, dass sich eines von ihnen irrt und versehentlich bei „Gack" aufspringt, obwohl es bei „Gick" an der Reihe ist. Wem dieser Fehler unterläuft, der wird die nächste Henne.

ab 4 Jahre

ab 3 Teilnehmer

drinnen

Nachtwächter

Für dieses Spiel brauchen die Kinder viele verschiedene, kleine Gegenstände, wie zum Beispiel einen Apfel, eine Nuss, einen Baustein, einen Bleistift, ein Bonbon, ein Püppchen und ein Stofftier. Die Spieler setzen sich um einen Tisch oder in einen engen Kreis auf den Boden. In der Mitte werden die kleinen Gegenstände so ausgelegt, dass jeder sie bequem erreichen kann. Der Spielleiter oder ein Kind erzählt nun eine erfundene Geschichte, in der diese Gegenstände vorkommen. Sobald er einen Gegenstand nennt, versucht jeder Spieler., ihn an sich zu bringen.
Wer am Ende der Geschichte leer ausgeht oder die geringste Beute gemacht hat, ist der Nachtwächter: Er bekommt eine Mütze auf und muss in der nächsten Runde eine Geschichte mit den betreffenden Gegenständen erzählen.

ab 4 Jahre

ab 3 Teilnehmer

drinnen

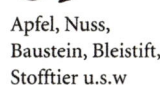

Apfel, Nuss, Baustein, Bleistift, Stofftier u.s.w

Bald über mir, bald unter mir

ab 4 Jahre

ab 4 Teilnehmer

drinnen

Tuch

Bei diesem Spiel sitzen die Kinder im Kreis. Eines wird ausgewählt und darf beginnen. Es bekommt ein Tüchlein, welches es an zwei Ecken festhält und damit im Kreis herumgeht.
Dabei sagt es:
„Bald über mir, bald unter mir, lass ich mein Tüchlein fliegen. Und wen ich am liebsten hab, der soll mein Tüchlein kriegen!"
Bei den beiden letzten Zeilen breitet das Kind sein Tüchlein vor einem im Kreis sitzenden Kind aus. Dieses lässt sich schnell auf die Knie fallen und verhindert dadurch, dass das erste Kind das Tuch wieder wegziehen kann. Gelingt es dem ersten Kind trotzdem das Tuch wegzuziehen, darf es noch einmal im Kreis herumgehen und sein Tüchlein schwenken. Kann ein Kind das Tuch mit den Knien festhalten, darf es nun selbst im Kreis herumgehen und das erste Kind setzt sich in den Kreis zurück.

Teller drehen

ab 5 Jahre

ab 4 Teilnehmer

drinnen

Teller

Die Kinder sitzen auf Stühlen im Kreis. Eines von ihnen geht mit einem unzerbrechlichen Teller (oder einer flachen hölzernen Schale) in die Mitte des Kreises und dreht den Teller so auf der Kante, dass dieser tanzt. Gleichzeitig ruft das Kind den Namen eines anderen, das nun versuchen muss, den Teller zu fangen, bevor er umfällt. Gelingt es ihm nicht, so muss er als Nächster in die Mitte. Schafft er es jedoch, so darf er sich wieder an seinen Platz setzen, und der Spieler in der Mitte muss so lange weitermachen, bis es einem der aufgerufenen Kinder nicht gelingt, den Teller noch während des Tanzens zu erwischen.

Kämmerchen zu vermieten

Bis auf eines stehen alle Kinder in einem weiten Kreis, wobei jeder Platz durch einen Baum, einen Stein oder durch andere Gegenstände gekennzeichnet ist. Derjenige Spieler, der keinen Platz hat, geht bei den anderen herum und fragt:
„Hast du ein Kämmerchen zu vermieten?"
Unterdessen tauschen die anderen hinter seinem Rücken immerfort die Plätze. Gelingt es ihm nun, einen freien Platz zu erreichen, so muss das Kind, das nun keinen Platz hat, an seiner Stelle herumgehen und nach der Kammer fragen.

ab 4 Jahre

ab 4 Teilnehmer

drinnen

Reise nach Jerusalem

Das Spiel erfreut sich größter Beliebtheit nicht nur bei Kindern, sondern auch bei Erwachsenen. Die Stühle – einer weniger als es Mitspieler gibt – werden nun so in einer Reihe nebeneinander aufgestellt, dass die Rückenlehnen einmal nach hinten und einmal nach vorne zeigen. Die Sitzflächen weisen also auf beide Seiten der Stuhlreihe.
Die Kinder legen nun die Hände auf den Rücken und laufen im Gänsemarsch um die Reihe herum. Dabei singen sie irgendein Wanderlied. Plötzlich hebt der Spielleiter einen Arm und ruft gleichzeitig „Rast". In diesem Augenblick muss jeder Teilnehmer versuchen, sich auf einen leeren Stuhl zu setzen, ohne die Stellung der Stühle zu verändern. Jedes Mal wird eines der Kinder übrig bleiben und es scheidet aus. Dann nimmt der Spielleiter einen Stuhl aus der Reihe. Die Zahl der „Reisenden nach Jerusalem" wird so von Rast zu Rast um einen Teilnehmer kleiner, bis zuletzt nur noch zwei Spielleiter um den leeren Stuhl herumwandern. Wer nun den Platz erwischt, hat gewonnen.

ab 4 Jahre

ab 3 Teilnehmer
+ 1 Spielleiter

drinnen

Stühle, einer weniger als Kinder, Kassettenrekorder

103

Das Spiel lässt sich dadurch etwas abwandeln, dass der Spielleiter ein Musikinstrument spielt oder einen Kassettenrekorder betätigt, nach dessen Melodie die Wanderer ihres Weges ziehen. Sobald die Melodie abbricht, müssen sie versuchen, sich einen Stuhl zu erobern, auf dem sie rasten können.

Mein rechter Platz ist leer

ab 5 Jahre

ab 3 Teilnehmer

drinnen

Stühle, einer
mehr als Kinder

Die Kinder stellen einen Stuhl mehr als es Spieler gibt im Kreis auf und setzen sich hin. Dann beginnt das Kind, dessen rechter Platz leer geblieben ist. Es sagt folgenden Vers auf:
„Mein rechter Platz ist leer,
ich wünsche mir den Christian/die Christiane her."
Das gerufene Kind setzt sich auf den leeren Stuhl. Dadurch ist nun sein Platz frei geworden, und der Spieler, an dessen rechter Seite der leere Stuhl steht, ist nun an der Reihe.

Ich kauf mir ein Paar Schuh

ab 4 Jahre

ab 3 Teilnehmer

drinnen

Eines der Kinder wird mithilfe eines Abzählreimes (siehe Seite 44 f.) ausgewählt, die anderen sitzen im Kreis. Das Kind geht nun im Innenkreis und sagt:
„Ich kauf mir ein Paar Schuh,
ich kauf mir ein Paar Schuh,
und wer die schönsten Schuhe hat,
das bist du!"
Dem Spieler, bei dem es am Ende des Verses ankommt, tippt es leicht mit der Schuhsitze auf den Fuß. Nun darf dieser Spieler im Kreis herumgehen und den Vers aufsagen. Das erste Kind setzt sich auf dessen Platz.

Rätsel und Ratespiele

Bei diesen Spielen muss das Köpfchen ein bisschen angestrengt werden, aber dafür machen die folgenden Rätsel und Ratespiele auch doppelt so viel Spaß.

Außerdem kann man die Sinne schärfen, besonders den Geruchs- und den Geschmackssinn sowie das Gehör. Wer die Lösung zuerst weiß, bekommt eine richtig leckere Belohnung. Und bei den Scherzfragen wird sicher ein lustiges Gekicher ausbrechen.

Scherzfragen und Rätsel

ab 5 Jahre

beliebig viele
Teilnehmer

drinnen oder
draußen

Scherzfragen oder Rateverse kann man immer dann stellen, wenn die Kinder vom Herumtollen müde sind und eine Verschnaufpause brauchen. Je nach Alter der Kinder und dementsprechend nach Wissensstand sollten sich die Scherzfragen und Rätsel unterscheiden. Man kann daraus ein allgemeines Quiz machen: Die Fragen werden allen Kindern gestellt. Wer als Erster die Lösung weiß, erhält einen Preis in Form von Gummibärchen oder Schokoküssen. Dadurch werden die Kinder angespornt, mitzudenken und sich neues Wissen anzueignen. Natürlich darf der Spielleiter beim Erraten des Begriffes ein wenig helfen! Scherzfragen und Rätsel gibt es sehr viele. Nachfolgend eine kleine Auswahl mit Lösungen:

Scherzfragen

ab 5 Jahre

beliebig viele
Teilnehmer

drinnen oder
draußen

Was hüpft und hat einen praktischen Beutel?
(das Känguru)

Welches Haus ist ohne Fenster?
(das Schneckenhaus)

Welcher Schuh passt nicht an den Fuß?
(der Handschuh)

Was riecht gut, schmeckt aber fürchterlich?
(die Seife)

Welchen Garten kann man nicht gießen?
(den Kindergarten)

106

Welcher Stein raucht?
(der Schornstein)

Welches sind die kleinsten Hüte?
(die Fingerhüte)

Welcher Peter macht den größten Lärm?
(der Trompeter)

Welcher Vogel hat keine Federn?
(der Spaßvogel)

Welche Hähne können nicht krähen?
(die Wasserhähne)

Welcher Mann hat vor der Sonne Angst?
(der Schneemann)

Welcher Kopf hat kein Gesicht?
(der Stecknadelkopf)

Welcher Vogel sieht dem Storch am Ähnlichsten?
(die Störchin)

Welche Nadeln taugen nicht zum Nähen?
(die Tannennadeln)

Was hat Federn und fliegt nicht, Beine und geht nicht?
(das Bett)

Was ist der Unterschied zwischen einem Elefanten und einem Floh?
(Ein Elefant kann Flöhe haben, aber ein Floh keinen Elefanten.)

Rätsel

ab 5 Jahre

beliebig viele
Teilnehmer

drinnen oder
draußen

Wie heißt das Tier, das Tag und Nacht,
so treulich unser Haus bewacht?
(der Hund)

Braun und süß, zerfließt im Mund,
manchmal eckig, manchmal rund.
Nikolaus und Osterhase
isst du gern aus dieser Masse.
Doch nach all dem süßen Essen,
darf man die Zähne putzen nicht vergessen!
(die Schokolade)

Wer ist der arme Tropf,
hat keinen Hut und keinen Kopf,
hat dazu
nur einen Fuß und keine Schuh?
(der Pilz)

Welches Tier ist weich und liegt abends in deinem Bett?
(das Stofftier)

Was ist außen hart, innen weich und schmeckt gut?
(das Ei)

Was kann laufen, fliegen und schwimmen?
(die Ente)

Wer kennt ein Haus aus Heu und Moos?
Es werden darin die Vögel groß.
(Nest)

In Indien wird er geboren,
hat einen langen Rüssel und große Ohren.
Stoßzähne hat er auch
und einen dicken Bauch.
Ist euch das Tier bekannt?
(der Elefant)

Ich trage tausend Nadeln her und hin,
obwohl ich doch kein Schneider bin!
(der Igel)

Was ist das?
Wenn es regnet, ist es nass.
Wenn es schneit, ist es weiß.
Wenn es friert, ist es Eis.
(das Wasser)

In der Luft, da fliegt sie,
auf der Erde liegt sie,
auf dem Baume sitzt sie,
in der Hand, da schwitzt sie,
auf dem Ofen zerläuft sie,
im Wasser aber ersäuft sie.
Wer gut überlegt, der nennt sie.
(die Schneeflocke)

Es ist ein kleiner schwarzer Zwerg
und hebt ganz leicht doch einen Berg.
(der Maulwurf)

Liebes Kindlein, denke nach!
Oft bin ich ein rundes Dach,
meistens bin ich nur ein Stock
mit einem weiten, hübschen Rock.
Manchmal, wenn der Wind fest weht,
bin ich ganz und gar verdreht.
Wenn es regnet, geh ich aus,
ist es schön, bleib ich zu Haus.
(der Regenschirm)

Bitte rate, wer's nicht weiß:
brennen tut's und ist nicht heiß!
(die Brennnessel)

Im Werkzeugkasten,
in der Kammer,
da wird er aufbewahrt
der ...
(Hammer)

Ich kenn zwei kleine Fensterlein
in einem kleinen Haus,
draus guckt den lieben langen Tag
ein kleiner Schelm heraus.
Doch abends, wenn es dunkel wird
und alles geht zur Ruh,
dann macht geschwind der kleine Schelm
die Fensterläden zu.
(die Augen)

Wer kann springen, klettern, kratzen?
Und wer hat vier kleine Tatzen
Das sind die ...!
(Katzen)

Einmal kannst du daran drehn:
klares Wasser fließt.
Ein andermal hörst du ihn krähn.
Sag mir, wer ist das!
(der Hahn)

An einem schönen Plätzchen
da gibt es viele Kätzchen.
Sie tragen Fellchen weich und fein,
doch nie hört man „miau" sie schrein.
(die Weidenkätzchen)

Er ist ein dicker Mann mit Hut
und gefällt den Kindern gut.
Aber wenn die Sonne scheint,
steht er da und weint – und weint,
bis er auseinander fließt.
Und nun ratet, wer das ist!
(der Schneemann)

Es sieht aus wie eine Katze,
hat Haare wie eine Katze,
maust wie eine Katze
und ist doch keine Katze.
Wer ist das?
(der Kater)

Ich bin aus dunklem Glase
und sitz auf deiner Nase.
Doch nur bei hellem Sonnenschein,
wenn's wolkig ist, bleib ich daheim.
(die Sonnenbrille)

Zwei gute Freunde hab ich hier.
Was ich auch tu – sie helfen mir.
Sie können Stifte halten
und Buntpapier schön falten.
Sie können Schleifen binden,
im Dunkeln Sachen finden.
Ich brauche sie zum Matschen
und kann mit ihnen klatschen.
Sie streichen auch die Wände.
Es sind die beiden …
(Hände)

Ich weiß ein Ding, das ist von Leder,
und an den Füßen trägt's ein jeder.
(die Schuhe)

Ich plätsch're gern im Wasser,
doch hüpf ich auch an Land.
Ich schnappe fette Fliegen,
und grün ist mein Gewand.
Groß glotzen meine Augen,
sie stehen weit hervor.
Ich bin ein großer Sänger
im abendlichen Chor.
(der Frosch)

Es ist ein Pferdchen,
doch trägt's keinen Reiter.
Du kannst es nicht fangen,
es hüpft zu schnell weiter.
(das Heupferdchen)

Aus Mehl wird er gemacht,
geknetet und gemischt.
Im Ofen dann gebacken
und schnell aufgetischt.
(der Kuchen)

Es geht ein Mann im Grase,
hat eine lange Nase,
dreht sich wie ein feiner Mann
und hat rote Stiefel an.
(der Storch)

Rot und saftig, kleine Kerne,
alle Menschen essen's gerne.
Was bekomm ich, wenn ich's errate?
Es ist ganz sicher …
(die Tomate)

Ich hab keinen Schneider
und hab doch sieben Kleider.
Wer sie mir auszieht, der muss weinen,
und sollt er noch so lustig scheinen.
(die Zwiebel)

Berufe raten

Zunächst werden die teilnehmenden Kinder in zwei Gruppen aufgeteilt. Die erste Gruppe setzt sich auf den Boden, die andere geht vor die Tür. Dort wird nun gemeinsam überlegt, welcher Beruf pantomimisch vorgestellt werden soll. Danach begibt sich die Gruppe wieder in den Raum und führt den anderen Kindern den erdachten Beruf vor.

Diese haben etwa zwei Minuten Zeit ihn zu erraten. Gelingt es ihnen, so bekommt ihre Mannschaft einen Punkt oder noch besser ein Geschenk, zum Beispiel Gummibärchen oder Schoko-küsse. Erraten sie den Beruf nicht, so wird der Preis an die andere Gruppe verteilt und diese darf erneut einen Beruf pantomimisch vorstellen.

ab 5 Jahre

ab 4 Teilnehmer

drinnen

Stimmen raten

Wir setzen uns alle im Kreis auf den Boden. Anschließend wird ein Mitspieler ausgewählt, dem die Augen verbunden werden. Er wird mehrmals gedreht und dann in die Mitte gesetzt. Seine Aufgabe besteht nun darin, die anderen Kinder an ihren Stimmen zu erkennen.

In der ersten Runde sagen alle der Reihe nach mit unverstellter Stimme ein Wort. Jetzt ist es noch einfach, den jeweiligen Mit-spieler zu erkennen. Im zweiten Durchgang sagen alle den glei-chen Satz mit verstellter Stimme. Na, wer war das wohl?

Das Spiel ist weiter ausdehnbar. So müssen die Stimmen erraten werden, wenn sie Tiere imitieren, ein Lied singen, Geräusche nachmachen usw.

ab 4 Jahre

beliebig viele
Teilnehmer

drinnen

Schal oder Tuch

115

Welche Antwort ist richtig?

ab 5 Jahre

ab 2 Teilnehmer

drinnen

„Welche Antwort ist richtig" kann man zum Beispiel auf einer Geburtstagsparty spielen, bei der sich die Kinder noch nicht gut kennen.

Ein Mitspieler fängt an. Er stellt einem anderen eine Frage. Dieser darf nun drei verschiedene Antworten geben. Von diesen muss nur eine richtig sein! Der Fragende muss nun herausfinden, welche Antwort stimmte. Wenn er sich irrt und die Antwort war falsch, so wird die richtige nicht genannt! Jetzt darf der zweite Mitspieler dem ersten oder einem anderen eine Frage stellen.

Ich sehe was

ab 4 Jahre

beliebig viele
Teilnehmer

drinnen

Für dieses Spiel losen wir zunächst einen Mitspieler aus, der vor die Tür gehen muss. Dann suchen die restlichen Spieler sich einen Gegenstand aus, der sich in dem Raum befindet. Natürlich kann dies auch eine Person oder ein Tier sein!

Nun wird das Kind wieder hereingerufen und wir stellen laut die Frage:

„Ich sehe was, was du nicht siehst, und das ist ..."

Für die Pünktchen muss ein Merkmal des Gegenstandes eingesetzt werden, zum Beispiel braun, blau, hart, weich usw.

Der Rater versucht nun zu raten, was gemeint ist. Die Mitspieler können natürlich ein bisschen helfen und „kalt", „warm" oder „heiß" rufen.

Wurde das gesuchte Etwas erraten, darf ein anderes Kind vor die Tür und das Spiel beginnt von vorne.

Was ist anders?

Bevor wir mit diesem Spiel beginnen, schauen wir uns ganz genau an, welche Gegenstände in diesem Raum sind, wo sie sich befinden und wie sie aussehen. Dann wählen wir mithilfe eines Abzählreimes einen Kandidaten aus, der vor die Tür gehen muss. Nun entscheiden wir gemeinsam, welcher Gegenstand verändert oder woanders hingestellt werden soll. Machen sehr kleine Kinder mit, so sollte die Aufgabe nicht so schwer sein, also eine möglichst auffallende Sache verändert werden.

Wenn wir fertig sind, rufen wir den Kandidaten wieder herein, und er muss erraten, was im Raum anders ist. Kommt er nicht so schnell darauf, so sollten wir ihm helfen, indem wir „kalt", „warm" oder „heiß" rufen.

Anschließend wird ein anderer Kandidat ernannt und das Spiel beginnt von vorne.

ab 5 Jahre

beliebig viele
Teilnehmer

drinnen

Wer steht hinter dir?

Wir setzen uns alle gemütlich in einen Kreis auf den Boden. Jetzt wählen wir mithilfe eines Abzählreims ein Kind aus. Dieses legt dem Spielleiter den Kopf in den Schoß. Der Spielleiter hält ihm die Augen zu und winkt ein zweites Kind heran. Das stellt sich hinter das erste Kind und sagt mit verstellter Stimme:
„Eins, zwei, drei, vier, wer steht hinter dir?"
Das erste Kind muss nun erraten, wer hinter ihm steht.
Gelingt ihm dies nicht gleich, so dürfen die anderen Kinder etwas nachhelfen.

ab 5 Jahre

beliebig viele
Teilnehmer

drinnen

117

Was schmeckt so?

ab 5 Jahre

beliebig viele
Teilnehmer

drinnen

verschiedene
Lebensmittel mit
typischem
Eigengeschmack
Tuch

Für dieses Spiel müssen wir zunächst diverse Lebensmittel zusammensuchen, die einen typischen Eigengeschmack haben. Hier einige Beispiele: Schokolade, Gummibärchen, Kuchen, eine Scheibe Zitrone, Chips, Nudeln, Milch, Cola usw.

Einem Kind verbinden wir nun mit dem Tuch die Augen. Es wird von uns nach und nach mit den verschiedenen Sachen gefüttert und muss erraten, was es gerade isst oder trinkt. Lustig wird es, wenn wir ihm die Zitrone zum Schmecken geben! Als Nächstes kommt ein anderes Kind dran, bis alle geschmeckt und geraten haben.

Der Spieler, der die meisten Lebensmittel erkannt hat, erhält einen Preis. Natürlich etwas, was er gerne isst, zum Beispiel einen Schokokuss.

Was klingt da?

Zeigen Sie den Kindern fünf oder sechs Gegenstände, und führen Sie deren Klänge vor. Nehmen sie zum Beispiel einen Topf, einen Deckel, ein Holzbrett, ein Glas, einen Teller und einen Baustein. Dieses Spiel kann auf zwei Arten gespielt werden:

Legen Sie zunächst alle Gegenstände in einem Nebenraum auf einen Tisch. Dann geht ein Kind dort hin und bringt einen Gegenstand zum Klingen. Die andere Kinder raten, welcher es war. Wer den richtigen Namen genannt hat, ist der nächste Klangerzeuger.

Die zweite Spielmöglichkeit besteht darin, die Gegenstände im Raum zu lassen, einem Kind die Augen zu verbinden, einen Gegenstand zum Klingen zu bringen und das Kind raten zu lassen, um welchen es sich handelt. Rät es richtig, so darf es das nächste Kind bestimmen, welches in der folgenden Runde einen Gegenstand am Klang erkennen soll.

ab 5 Jahre

beliebig viele Teilnehmer

drinnen

verschiedene Gegenstände: Topf, Brett, Glas, Teller, Baustein usw., Tuch

Denk mal an!

Bei diesem Spiel soll herausgefunden werden, welchen Begriff oder Satz sich der andere ausgedacht hat. Dabei wird im Prinzip wie bei dem Spiel „Ich sehe was, was du nicht siehst" vorgegangen. Als Beispiel soll der Begriff „Elfmeter" erraten werden. Derjenige, der sich diesen Begriff ausgedacht hat, beginnt das Spiel mit dem Satz „Denk mal an einen großen Platz mit grünem Rasen!" Der Mitspieler sagt vielleicht Spielplatz oder Fußballplatz. Also macht man weiter: Denk mal an einen Mann, der darauf herumsteht!" So geht die Raterei weiter, bis das andere Kind den Begriff erraten hat. Dann darf es sich ein Wort oder einen Satz ausdenken, und das Quiz beginnt von vorne.

ab 5 Jahre

ab 2 Teilnehmer

drinnen

119

Gerüche raten

ab 5 Jahre

beliebig viele
Teilnehmer

drinnen

verschiedene
Dinge mit typischen
Gerüchen,
1 Tuch
1 Tablett

Der Sinn dieses Spieles ist es, mit verbundenen Augen verschiedene Gegenstände zu erriechen. Deshalb suchen wir zunächst alle möglichen Sachen zusammen, die einen unterscheidbaren Geruch haben. Dies könnten zum Beispiel sein: Klebstoff, Blumen, Käse, Knoblauch, Zitrone, Muttis Parfüm, Essig, Spiritus usw.

Mithilfe eines Abzählreimes wählen wir unseren ersten Kandidaten aus. Ihm werden die Augen mit einem Tuch verbunden. Nun nehmen wir vom Tablett einen „duftenden" Gegenstand und halten ihn dem Kind vor die Nase. Der Spieler muss jetzt daran riechen und sagen, was für eine Sache dies ist.

Nacheinander kommen so alle Kinder dran. Das Kind, das die meisten Gegenstände erriechen konnte, erhält einen Preis.

Kinder raten

ab 5 Jahre

beliebig viele
Teilnehmer

drinnen

Wir setzen uns alle im Kreis auf den Boden. Mithilfe eines Abzählreimes wählen wir einen Kandidaten aus, der das Zimmer verlassen muss. Ein anderes Kind verstecken wir zum Beispiel hinter der Tür, unter einem Stuhl oder in einem anderen Zimmer. Jetzt wird der Kandidat wieder hereingerufen, und er muss erraten, wer fehlt. Kommt er nicht von selbst darauf, so können wir ihm helfen, indem wir ihm verraten, ob es ein Mädchen oder ein Junge ist.

Schwieriger wird dieses Ratequiz, wenn wir auch noch die Plätze tauschen, bevor wir das ratende Kind wieder hereinrufen.

Kleidertausch

Alle sitzen in einem Kreis auf dem Boden und betrachten genau die Kleidungsstücke der Mitspieler. Jetzt wird der erste Kandidat ausgewählt, der vor die Tür gehen muss. Derweil tauschen zwei Mitspieler ein Kleidungsstück miteinander aus. Natürlich sollte nicht Thomas seine Hose gegen den Rock von Anna tauschen – dies wäre doch zu leicht! Schwierig wird es beispielsweise bei den Socken oder bei Haarspangen.

Nun wird der Kandidat wieder hereingerufen und muss herausfinden, wer mit wem ein Kleidungsstück getauscht hat. Findet er es heraus, so muss ein anderes Kind vor die Tür. Waren seine Rateversuche ergebnislos, so wird der Kandidat erneut nach draußen geschickt.

ab 5 Jahre

beliebig viele
Teilnehmer

drinnen

Pinkepank

Eines der Kinder nimmt eine Murmel (eine Bohne oder einen anderen kleinen Gegenstand) in die Hand und schließt dann beide Hände zu Fäusten. Die anderen Kinder dürfen natürlich nicht wissen, in welcher Hand sich die Murmel befindet. Die Fäuste werden abwechselnd aufeinander gestellt und dabei sagt das Kind den Vers:

„Pinkepank, der Schmied ist krank.
Wohnt er oben oder unten?“

Eines der Kinder muss nun die Hand nennen, in der sich seiner Meinung nach die Murmel befindet. Hat es richtig geraten, so bekommt es die Murmel und darf sie nun seinerseits unauffällig in einer Hand verstecken. Rät es jedoch falsch, so darf das erste Kind nochmals die Murmel verstecken und dabei seinen Vers aufsagen.

ab 4 Jahre

beliebig viele
Teilnehmer

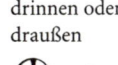

drinnen oder
draußen

Murmeln

121

Zungenbrecher

Die Katze tritt die Treppe krumm –
krumm tritt die Katze die Treppe.

Rasch rollt Rudis Rad –
Rudis Rad rollt rasch.

Hans hackt Holz hinterm Hühnerhaus –
hinterm Hühnerhaus hackt Hans Holz.

Der Metzger wetzt das Metzgermesser,
wenn er's wetzt, dann schneid't es besser.

Zwischen zwei Zweigen saßen
zwei zwitschernde Schwalben.

Ich steck meinen Kopf in einen kupfernen Topf –
in einen kupfernen Topf steck ich meinen Kopf.

Nachbars Hund heißt Kunterbunt –
Kunterbunt heißt Nachbars Hund.

Esel essen Nesseln nicht –
Nesseln essen Esel nicht.

Spiele mit Haushalts-gegenständen

In jedem Haushalt gibt es eine Menge Gegenstände, mit denen sich die tollsten Spiele spielen lassen. Egal, ob mit Teller und Mehl, einer Blechdose, einem Bettlaken oder mit Wäscheklammern gespielt wird, die folgenden Ideen stoßen bei kleinen und großen Kindern gleichermaßen auf Begeisterung. Die meisten der Spiele sind auch hervorragend als „Schlecht-Wetter-Laune-Vertreiber" geeignet.

Mehlberg

Auf einem großen flachen Teller wird das Mehl zu einem spitzen Berg aufgeschichtet. Oben in die Bergspitze wird ein Strohhalm gesteckt, der wie ein Fahnenmast in die Höhe ragt. Einer nach dem anderen Spieler schneidet nun Teile vom Berg ab, große oder kleine, ganz nach Belieben. Wichtig ist nur, dass der Mast dabei nicht umfällt. Wem das passiert, der scheidet aus. Danach wird das Mehl wieder zum Berg angehäufelt, der Mast hineingesteckt, und die übrigen Kinder spielen weiter. Jedes Mal scheidet aus, wer den Mast zu Fall bringt. Wer zuletzt übrig bleibt, ist Sieger. Großen Spaß macht es, wenn jeder, der aus dem Spiel ausscheidet, den umgefallenen Mast mit dem Mund aus dem Mehl holen soll, wobei die Arme auf dem Rücken bleiben müssen. Wenn alle dabei lauthals lachen, dann muss der arme Mastholer bestimmt losprusten und wird im Gesicht weiß wie ein Bäcker.

ab 5 Jahre

ab 2 Teilnehmer

drinnen

Teller, Mehl, Strohhalm, Messer, Abdeckplane für die Spielfläche

Telefon

In zwei leere Dosen ohne Deckel (Vorsicht, auf glatten Rand achten, damit sich keiner verletzt!) wird in die Bodenmitte ein kleines Loch gestoßen. Der Bindfaden (oder dünner Draht) darf mehrere Meter lang sein und wird vom Inneren der ersten Dose durch das Loch gezogen und durch einen Knoten am anderen Ende gegen das Herausrutschen gesichert. Das freie Ende führt das Kind nun von außen durch das Loch in die zweite Dose und verknotet es ebenfalls.

Wenn die Telefonleitung straff gespannt ist und eine Dose ans Ohr gehalten wird, versteht man jedes in die andere Dose gesprochene Wort, sogar Flüstern, da die Leitung die Sprechschwingungen überträgt.

ab 5 Jahre

2 Teilnehmer

drinnen

Dosen, Bindfaden oder dünner Draht, Dosenöffner

Wer wird Millionär?

ab 5 Jahre

beliebig viele
Teilnehmer

drinnen

dünnes Papier,
Bleistift, Glas, Lineal,
Münzen, Wolltuch,
Stab aus Glas oder
Hartgummi oder
Kunststoff

Für dieses Spiel müssen die Kinder eine Menge Geld herstellen. Sie legen die Münzen darunter und pausen sie durch, indem sie mit einem Bleistift drüberschraffieren. Die „Geldstücke" werden ausgeschnitten und in ein Glas oder in einen Karton gelegt. Nun braucht man noch einen Gegenstand, der sich durch Reibung an einem Wolltuch elektrostatisch auflädt, also sozusagen „magnetisch" wird und Papier anzieht. Es eignen sich dazu Stäbe aus Glas, aus Hartgummi oder aus Kunststoff.

Und jetzt geht's los: Die Kinder stehen erwartungsvoll um den Geldtopf herum. Das erste Kind reibt den Stab am Wolltuch hin und her und rührt damit das Geld um. Wenn es den Stab herauszieht und Glück hat, bleiben Papiermünzen daran hängen. Die darf es behalten. Dann kommt der zweite Spieler an die Reihe. So geht es reihum weiter, bis alle Münzen geangelt sind. Dann wird verglichen, wer die meisten Münzen hat oder die größte Summe.

Was ist das für ein Ding unter meiner Decke?

ab 3 Jahre

2 Teilnehmer

drinnen

Bettdecke,
verschiedene
Gegenstände

Ein krankes Kind muss meist im Bett liegen. Das folgende Spiel eignet sich dann herrlich für ein wenig Ablenkung. Das Kind, das im Bett liegt und zugedeckt ist, muss seine Hände unter die Decke stecken. Von unten schieben wir ihm nun einen Gegenstand zu. Dies kann ein Ball, ein Apfel, eine Banane, ein Stofftier, eine Zahnbürste, eine Seife usw. sein – passende Gegenstände finden sich mehr als genug. Das Kind befühlt nun das Ding unter seiner Decke und muss erraten, was es ist. Dann darf es den Gegenstand unter der Decke hervorziehen und nachschauen, ob es Recht hatte. Das Spiel können auch mehrere Kinder gemeinsam spielen.

Bodenputzen

Zunächst legen wir die Rennstrecke fest. Dann stützen sich zwei Kinder mit ihren Händen auf ein an der Startlinie liegendes Tuch. Auf ein Kommando hin muss jeder Spieler das Tuch zum Ende der Bahn schieben, dort eventuell ein Hindernis umrunden und zur Startlinie zurückkehren.

„Bodenputzen" kann auch sehr einfach in ein Staffelspiel umgewandelt werden. Dann treten mehrere Teams gegeneinander an. Sieger ist die Gruppe, deren Mitglieder alle erfolgreich den Boden geputzt haben.

ab 4 Jahre

ab 2 Teilnehmer

draußen

pro Teilnehmer
ein Wischtuch

Feuerwehrspiel

Heute ist es richtig heiß draußen. Deshalb toben wir in Badebekleidung herum. Um uns ein bisschen abzukühlen, spielen wir das Feuerwehrspiel:
Ein Kind wird zum Feuerwehrmann ernannt und bekommt einen Gartenschlauch in die Hand, der natürlich an den Wasserhahn angeschlossen sein muss. Die anderen Kinder sind die kleinen Feuerteufel und „fackeln" herum. Mit dem Ruf: „Wasser marsch!" dreht der Feuerwehrmann das Wasser auf und versucht die Feuerteufel mit dem Wasserstrahl zu erwischen. Ist ein Kind getroffen, so ist der Brand gelöscht, und es muss ausscheiden. Das Spiel ist zu Ende, wenn alle Teufelchen durchnässt wurden.
Alternativ kann man verabreden, dass die Feuerteufel über den Wasserstrahl springen oder darunter durchtauchen müssen. Auf jeden Fall macht dieses Spiel an heißen Sommertagen „höllisch" Spaß und sorgt für angenehme Erfrischung.

2 bis 5 Jahre

ab 3 Teilnehmer

draußen

Wasserschlauch

Schachtelstadt

Aus leeren Streichholzschachteln lassen sich prächtige Dörfer und Städte basteln. Das Kind klebt die Schachteln aneinander oder übereinander und erhält so die Mauern der Häuser. Dächer lassen sich aus den Innenteilen der Schachteln bauen. Das Kind entfernt die hochstehenden Kanten und hat dann maßgerechte Dachseiten. Häuser mit Flachdach lassen sich natürlich noch leichter basteln.

Besonders hübsch wird eine Fabrik mit Sägedach: Eine der beiden Reibflächen besteht aus zwei übereinander geklebten Schichten. Löst man sie vorsichtig voneinander, so kann man die beiden Teile zu einem kurzen Dach hochklappen und aneinander kleben. Werden mehrere solcher vorbereiteten Schachteln hochkant nebeneinander geklebt, so entsteht eine Fabrikhalle mit sägeförmigem Dach. An einer Hallenseite kann das Kind ein Bürogebäude aus zwei hochkant übereinander geklebten Schachteln anbauen. Fenster und Türen malt es auf oder schneidet sie aus Buntpapier aus und klebt sie auf.

ab 6 Jahre

1 Teilnehmer

drinnen

leere Streichholz-
schachteln, Klebstoff,
Schere, Buntpapier
oder Farben

Kartoffelduell

Jeder der beiden Spieler hält in seiner linken Hand einen Löffel, auf dem eine Kartoffel liegt. In der rechten Hand hat jeder einen zweiten Löffel, seinen Degen. Damit wird im Duell gefochten, und es geht darum, dem anderen Spieler die Kartoffel vom Löffel zu schlagen. Man darf dabei nur auf den „Degen" des Gegners zielen.

Wer seine Kartoffel verliert, ist im Duell unterlegen.

ab 6 Jahre

2 Teilnehmer

drinnen

2 Kartoffeln, 4 Löffel

129

Mumienstreicheln

ab 3 Jahre

ab 3 Teilnehmer

drinnen

ein Bettlaken

Zunächst wird mit einem Abzählreim ein Kind ausgewählt, das vor die Tür gehen muss. Die anderen Spieler verstecken sich nun unter das Bettlaken. Sie müssen sich ganz still verhalten, wenn das Kind wieder hereingerufen wird!

Es darf nun nacheinander die „Mumien" knuffeln und streicheln. Die Kinder unter der Decke müssen dabei ganz leise sein und sich nicht durch Kichern, Lachen oder andere Laute verraten.

Hat der „Mumienstreichler" doch herausgefunden, wen er gerade geknufft hat, darf das nächste Kind nach draußen gehen. Dies könnte der Spieler sein, der zuerst oder als Letztes erraten wurde. Und dann beginnt das Mumienstreicheln von vorne.

Wer findet den Topf?

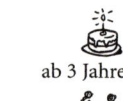
ab 3 Jahre

ab 3 Teilnehmer

drinnen oder draußen

Topf, Kochlöffel, Halstuch

Dieses Spiel ist ein Gutwetter- und ein Schlechtwetterspiel, man kann es sowohl draußen als auch drinnen spielen. Zunächst wird ausgewählt, wer zuerst den Topf suchen darf. Hierzu kann man einen lustigen Abzählreim (siehe Seite 44/45) verwenden. Diesem ersten „Opfer" verbinden wir mit dem Halstuch die Augen. Nun wird leise der Kochtopf irgendwo hingestellt – gemeinerweise kann dies auch unter einem Schrank oder Stuhl sein. Unter den Topf wird etwas als Belohnung gelegt – eine kleine Tüte Gummibärchen oder ein Schokokuss.

Der Topfsucher bekommt nun einen Kochlöffel in die Hand. Auf allen Vieren kriechend muss er den Topf finden und ganz feste draufschlagen.

Die Mitspieler können dem Topfsucher helfen, indem sie laut „warm!" rufen, wenn er sich dem Topf nähert, oder „kalt!", wenn er in die falsche Richtung krabbelt.

Spiele für ein Kind allein

Nicht immer haben Geschwister, Freundinnen und Freunde Zeit, um zum Spielen zu kommen. Da wird es schnell langweilig. Warum also nicht mal alleine spielen? Ideen gibt's genügend: ein Spielzeug-Autorennen, Schatten an die Wand werfen oder eine Flugshow mit selbst gebastelten Fliegern veranstalten. Später kann man den anderen auch zeigen, wie das geht. Und dieses Mal spielen sicher die Stofftiere mit.

Die Löffel singen

ab 5 Jahre

1 Teilnehmer

drinnen

Zwirn, Löffel,
Gabeln, Gläser

Viele Dinge, mit denen man täglich umgeht, sieht man plötzlich mit anderen Augen, wenn damit etwas unerwartetes geschieht. Zum Beispiel: zwei Löffel und zwei Gabeln werden an zwei Zwirnsfäden gebunden. Die freien Enden der Fäden wickelt das Kind um die Spitzen der Zeigefinger und steckt sich beide fest in die Ohren. Wenn es jetzt den Kopf etwas vorbeugt und ihn hin und her bewegt, schlagen die Bestecke aneinander. Der Faden leitet den Klang zu den Ohren – es klingt wie Glockengeläut. Lustig ist auch Glasmusik: Bis zum Rand mit Wasser gefüllte Gläser fangen an zu singen, wenn der Spieler mit dem angefeuchteten Finger im Kreis über den Rand fährt. Auf verschiedenen Gläsern lassen sich Melodien spielen. Leere Flaschen tuten wie Schiffssirenen, wenn das Kind den Rand an die Unterlippe legt und quer über die Öffnung bläst.

Minimikado

ab 5 Jahre

1 Teilnehmer

drinnen

eine volle Zündholz-
schachtel

Die Vorbereitungen für dieses Spielchen trifft ein Erwachsener: ein Streichholz wird angezündet und gleich wieder gelöscht. Es kommt auf den Tisch. Die übrigen Zündhölzer hält der Spieler nach und nach mit den Fingerspitzen an den Köpfchen und stellt sie senkrecht auf das liegende Hölzchen. Dann lässt er los, sodass alle übereinander purzeln. Ist das Häufchen nicht wirr genug, wirft er immer so viele Hölzchen übereinander, wie er zwischen zwei Fingern fassen kann. Nun soll das „Schwarzköpfchen" vom Grund des Mikadohäufchens befreit werden. Vorsichtig wird ein Stäbchen nach dem anderen weggenommen, und dabei darf sich kein anderes bewegen. Die beiden zuerst entfernten Hölzchen dürfen als Hilfsmittel benutzt werden.

Variante: Die Zündhölzer über dem abgebrannten werden durch behutsames Pusten entfernt. Alle Hölzchen dürfen sich dabei bewegen, nur das abgebrannte nicht, das zum Schluss noch allein liegen bleibt.

Autorennensolo

Vier oder fünf Spielzeugautos stehen nebeneinander am Start. Im Abstand von zwei bis drei Metern wird die Ziellinie markiert. Zuerst wird für Auto Nummer eins gewürfelt. Die gefallene Augenzahl besagt, um wie viele Längen der Wagen vorwärts fahren darf. Er bleibt an seiner neuen Position stehen, und nun wird für Wagen zwei gewürfelt. Haben alle Autos den Start absolviert, darf der erste Wagen wieder um so viele Längen weiterfahren, wie der Würfel Augen zeigt.

ab 5 Jahre

1 Teilnehmer

drinnen

Spielzeugautos, Würfel

Jetzt lassen sich in das Rennspiel verschiedene Sonderregeln einbauen, zum Beispiel:

- Wird eine vier gewürfelt, so muss der Wagen zum Tanken an die Boxen; er setzt nun eine Runde aus.
- Fällt eine sechs, so darf für diesen Wagen nochmals gewürfelt werden; kommt dann wieder eine sechs, so wird der Renner wegen überhöhter Geschwindigkeit aus der Kurve getragen – Totalschaden. Er scheidet aus.
- Fällt die eins, so gilt dieser Wurf nicht. Es muss erneut gewürfelt werden; fällt wieder die eins, so hat der Wagen Motorschaden und muss zur Reparatur an die Boxen – zwei Runden aussetzen. Fällt beim zweiten Wurf eine andere Zahl, so darf der Wagen normal weiterfahren.

So bilden sich spannende Positionskämpfe. Sieger ist das Auto, das zuerst im Ziel ist.

133

Allerlei Basteleien

ab 5 Jahre

1 Teilnehmer

drinnen

Kastanien, Stöcke,
Steine und vieles
mehr

Schneidet man aus Eierkarton die Becherchen sorgfältig aus und klebt sie mit den Öffnungen aneinander, so hat man die Körper für Schweinchen, Fische oder Vögel. Man muss nur noch das „Zubehör" ankleben: Ohren, Schwänze, die Beinchen sind Zündhölzer. Mit Wasserfarben anmalen.

Rosskastanien sind ein vielseitiges Bastelmaterial. Ausgehöhlt bilden sie einen Pfeifenkopf. In ein Loch wird der Stiel eingeführt, beispielsweise ein Stück Holunderzweig, aus dem das Mark mit einer Stricknadel ausgestoßen wurde.

An einem Zwirn aufgereiht ergeben Kastanien eine schwere „Amtskette". Mit Hagebutten als Köpfchen und Zündhölzern als Beinchen lassen sich Kastanien zu allerlei Tieren verwandeln.

Glatte Kieselsteine werden, mit Farben bemalt, zu Fischchen, Schnecken oder liegenden Meerschweinchen.

Bunte Herbstblätter, auf Papier geklebt und mit ein paar Strichen verbunden, ergeben lustige Figuren. Ein Birkenblatt wird zum Zwergenbart, die Zacken eines Ahornblattes zur Königskrone. Ein hübsches Osterspiel ist das Bemalen ausgeblasener Eier. In die beiden Spitzen der frischen Eier werden stricknadelstarke Löcher gestoßen und Eiweiß samt Eigelb herausgeblasen. Die leeren Schalen werden mit Wasserfarben oder Filzstiften bunt bemalt und an einen Strauß blühender Zweige gehängt.

Entfernt man aus Holzwäscheklammern die Metallfedern und klebt die beiden Teile mit den Außenkanten aneinander, so erhält man die Grundform für Schiffchen, die in der Badewanne schwimmen können. In die Mittelkerbe, die die Feder festgehalten hat, wird ein Mast gesteckt. Fäden von der Mastspitze zum Bug und zum Heck halten kleine Segel und bunte Wimpel.

Rakete, Flugzeug und Propeller

Rakete

Das Kind faltet das Papier der Länge nach in der Mitte. Danach wird das Papier so hingelegt, dass der Falz oben liegt und die beiden übereinander liegenden Kanten zum Körper zeigen. Nun wird die rechte untere Ecke genau zum Mittelfalz geknickt und

ab 6 Jahre

1 Teilnehmer

drinnen

je 1 Blatt DIN-A4-Papier für Rakete und Flugzeug, ein Stück Kartonquadrat für den Propeller, Kantenlänge 15 Zentimeter

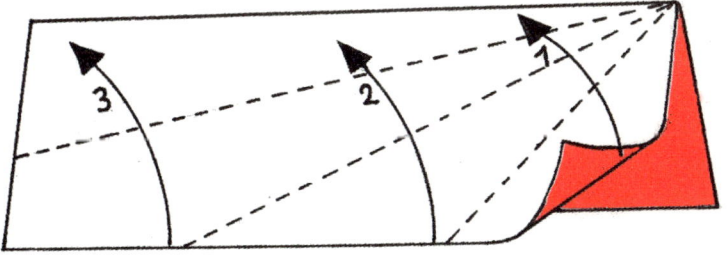

gefaltet (1). Die neu entstandene Ecke an der Unterkante wird ebenfalls nach oben zum Mittelfalz gebogen (2). Nun ist ziemlich weit links unten erneut eine Ecke entstanden, die zum Mittelfalz hin geknickt wird (3). Damit ist die eine Tragfläche fertig. Die Skizze macht den dreifachen Falz deutlich; man beginnt dabei mit der Ecke rechts unten.

Das Gleiche wird nun auf der Rückseite mit der anderen Tragfläche wiederholt. Der Mittelfalz bildet den Rumpf der Rakete, die dreifach gefalteten Tragflächen werden im rechten Winkel zum Rumpf gebogen, und die Rakete ist startbereit. Biegt man eine der Tragflächen am Ende etwas hoch, so fliegt die Rakete eine Kurve.

Flugzeug (Schwalbe)

Diese Figur ist schon etwas komplizierter. Das Kind faltet das Papier so, wie es die dünngestrichelten Linien auf Zeichnung 1 zeigen. Nach jeder Faltung wird das Blatt wieder aufgeklappt. Entlang der durchgezogenen Linien wird nach hinten gefaltet. Dann wird das Blatt wieder aufgeklappt, und die beiden Falze der durchgezogenen Linien werden auf beiden Seiten von außen zum langen Mittelfalz geführt. Jetzt ist an der Oberkante eine dreieckige Spitze entstanden, wie es Zeichnung 2 zeigt. Die beiden unteren Ecken des Dreiecks werden zur Spitze gefalzt, sodass nun zwei kleinere Dreiecke auf dem großen liegen. Deren Spitzen rechts und links werden einmal nach oben und einmal nach unten zur Mitte hin gefalzt, wie es die gestrichelten Linien von Zeichnung 3 zeigen. Jedes Mal wird das Dreieck wieder aufgeklappt. Legt man nun auf die Spitze eines dieser beiden Dreiecke den Zeigefinger und drückt von unten mit Daumen und Mittelfinger dagegen, so kann man das Papier in die bereits vorgeknickten Falze legen und erhält einen aufrecht stehenden Zipfel, der nach oben, zur Flugzeugspitze hin umgebogen wird. Dasselbe macht man mit dem Dreieck auf der anderen Seite. Das Flugzeug sieht so aus, wie es Zeichnung 4 zeigt. Entlang der quergestrichelten Linie wird nun die obere Spitze nach hinten umgefaltet, sodass die beiden Zipfel über die neue Kante hinausragen. Das Flugzeug wird in der Mitte gefaltet, sodass die beiden Flügel aneinander klappen. Jeder Flügel wird nun nach außen gebogen (gestrichelte Linien neben dem Mittelfalz, Zeichnung 5) und gefalzt, die Außenkanten der Flügel werden nach oben gebogen.

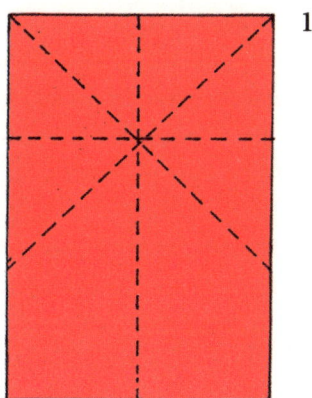

1

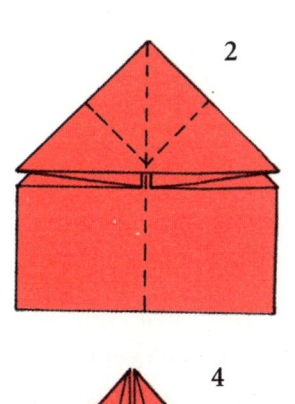

2

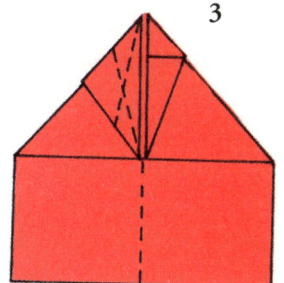

3

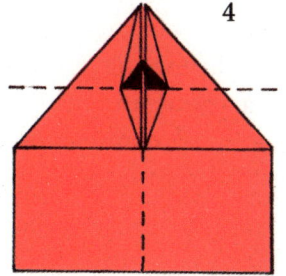

4

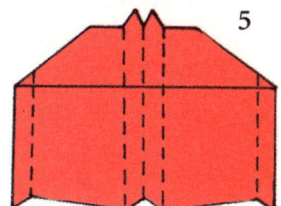

5

Helm und Schiffchen

ab 5 Jahre

1 Teilnehmer

drinnen

Papier, Klebstoff

Bestimmt haben Sie früher als Kind auch Helme und Schiffchen aus Papier gefaltet; aber wissen Sie noch, wie's geht?

Helm

Man faltet eine Zeitungsseite der Länge nach, nimmt sie wieder auseinander und faltet sie nun der Breite nach, also Schmalkante auf Schmalkante. Die beiden Ecken am Mittelbruch werden zu dem zuerst gekniffenen Längsfalz geführt und gefaltet. Nun hat man eine Art niedriges Haus mit hohem Dach, denn die beiden Schmalkanten stehen noch über die umgefalteten Ecken hinaus. Diese „Hauswände" werden nun über die „Dachrinnen" hochgefaltet. Jetzt ragen die Ecken dieser Schmalkanten rechts und links übers Dach hinaus, werden umgebogen und festgeklebt. Der Helm ist fertig.

Schiffchen

Es entsteht aus einem DIN-A4-Blatt. Zunächst faltet man einen Helm wie oben beschrieben. Die beiden Ecken an der offenen Seite dieser Dreieckstüte werden zusammengeführt, und es entsteht ein Quadrat mit zwei offenen Seiten. Die Spitzen der offenen Seiten werden auf jeder Seite zur geschlossenen Spitze hochgeklappt und gefalzt. Jetzt hat man wieder ein Dreieck und knickt noch einmal die Spitzen der offenen Seiten zur geschlossenen Spitze, sodass sich erneut ein Quadrat ergibt. An einer Ecke liegen nun zwei Spitzen beieinander: Sie werden auseinander gezogen, das entstandene Gebilde wird glatt gestrichen und zurechtgebogen. Das Schiffchen ist fertig.

Schatten an der Wand

Das ist etwas für ein Kind, das noch das Bett hüten muss und doch schon wieder quietschfidel ist. Eine Lampe wird vors Bett gestellt, das an einer hellen und möglichst einfarbigen Wand steht, und schon kann sich das Kind einen ganzen Zoo ins Zimmer holen. Einige Beispiele zeigen die untenstehenden Zeichnungen.

ab 6 Jahre

1 Teilnehmer

drinnen

Lampe

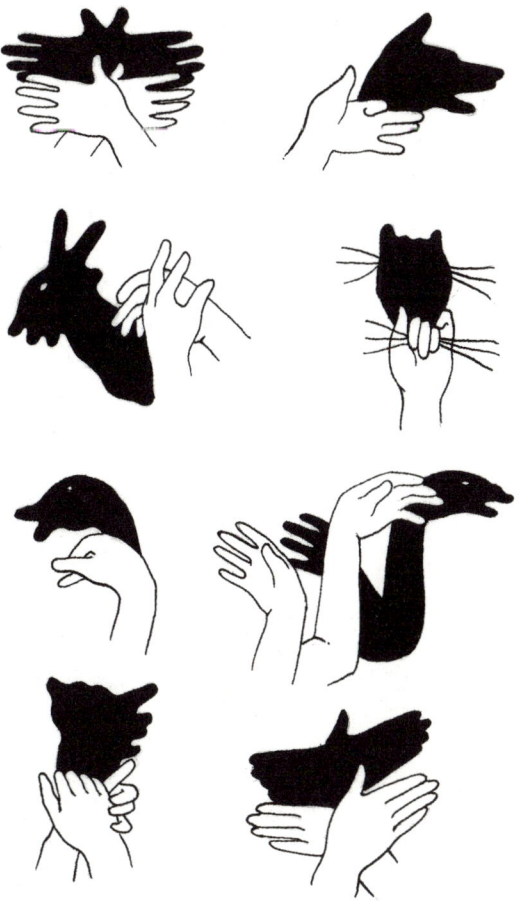

Register

Ursula Barff, Ingeborg Burkhard,
Jutta Maier
Das neue Bastelbuch für Kinder
ab 4 Jahren, 208 Seiten, gebunden
ISBN 3-8068-**7680**-0

Die Fundgrube für Eltern und Erzieher:
100 originelle Bastelideen, die Kinder mit
Begeisterung aufgreifen werden. Für alle
wichtigen Anlässe finden Sie zahlreiche
Vorschläge, die Schritt für Schritt erklärt
werden.

Günther Kälberer
Komm, bau mit mir!
112 Seiten, gebunden
ISBN 3-8068-**7407**-7

50 tolle Ideen zum Bauen und Basteln mit
Kindern ab 8 Jahren, wie z.B. eine
Hängebrücke aus Ästen, ein ganzes Fort
aus Streichhölzern oder einen Zoo aus
Flaschenkorken. Die Anleitungen zum
Nachbauen werden Schritt für Schritt
erklärt. Die erfolgreiche Fertigstellung ist
somit garantiert.

Susanne Schaadt
**100 tolle Spiele,
die Kinder ganzheitlich fördern**
100 Seiten
ISBN 3-635-60622-7

Mit diesen Spielen können die Eltern die
Wahrnehmung, Motorik, Sprache, Fantasie,
Konzentration und nicht zuletzt das
Gedächtnis ihrer Kleinkinder schulen. So
werden Kreativität und Intelligenz ange-
regt und weiterentwickelt.

Christiane Schmitz-Strempel,
Günter Strempel u.a.
Das neue FALKEN Kinderlexikon
Stichwörter passend zu allen Lehrplänen
vom 1. bis zum 4. Schuljahr
272 Seiten, gebunden
ISBN 3-8068-**7583**-9

Das Nachschlagewerk für Grundschüler. Es
antwortet zuverlässig auf Fragen aus allen
Lerngebieten. Der erste Teil bietet zahlreiche Schaubilder für die ABC-Schützen.
Der zweite Teil wendet sich an die 8- bis
11-jährigen mit einem Lexikon von A bis Z.
Über 800 Stichwörter und mehr als 450
detailgenaue Zeichnungen.

Sigrid und Harald Theilig
Komm, koch und back mit mir
112 Seiten, gebunden
ISBN 3-8068-**4285**-X

Zu kochen und zu backen macht Kindern
großen Spaß – besonders, wenn es sich
um das eigene Lieblingsgericht handelt. In
diesem liebevoll illustrierten Koch- und
Backbuch finden Sie viele ausgewählte
Rezepte und eine spezielle Küchenkunde
für die Kleinen.

Sabine Seyffert, Ines Rarisch
Komm, spiel mit mir!
80 Seiten, gebunden
ISBN 3-8068-**7611**-8

Dieses Buch steckt voller Ideen für tolle
Spiele und Unternehmungen – in allen
Jahreszeiten, bei jedem Wetter, an jedem
Ort. Für Kinder ab 3 Jahre.

FALKEN